「型破り」な銀行の新ビジネス戦略

“みずほ”敗因からの教訓

金融ジャーナリスト
浪川攻
Namikawa Osamu

ビジネス社

はじめに

わが国が抱えている課題は少なくない。その一つが人口減少、高齢化であり、これは生産人口の減少を伴っている。したがって、デジタル化の推進が叫ばれているわけだが、その一方では、いまだに人材の無駄遣いと言いたくなるような人事制度を続けている企業もある。

「やる気がある若い社員にやる気を失わせている」

こんな話を耳にすることは決して珍しくない。そのつど、どうしてなのかと思って調べてみると、時代にそぐわない人事制度や慣行が金科玉条のように踏襲されているケースが目立つ。さらにいえば、そのような制度の下で「中途退職が発生する」ことを織り込んだ多めの人数の採用計画を立て、その計画に沿った人材採用数を達成させることに腐心しているような企業すらある。

あるいは、ようやく、仕事に脂の乗った50歳ほどの社員を関連会社などに転籍させる実質的な定年退職制度を連綿と続けている企業もある。その代表格が銀行にほかならない。

仕事の内容が単純であり、どこでも同じ仕事ぶりをしていればよかったかつての時代であれば、それでもかまわなかったかもしれない。その時代には生産人口も増加していたので、それなりに機能していたとも言える。

しかし、今は違う。率直に言って、それでは「人材の無駄遣い」である。「人材の生産性を向上させる」などという高等な言い回しをしている一方では、「無駄遣い」は放置されている。

そもそも、「生産性を向上させる」と語る経営者たちの多くは結局、「人件費を下げる」ことしか考えていないと思わざるを得ないケースも少なくない。であれば、コスト削減と明確に言ったほうがよい。ごまかしは決して良い結果を生み出さないからである。

見方によっては、今の経営者たちは可哀そうではある。課題の解決を先送りし続けた結果、もはや、問題が深刻化してしまって、これ以上の先送りはできないという局面で経営を担っている。運が悪いといえば、不運ということになるだろう。しかし、そのような状況下にあっても、軽快に、しなやかに、将来ビジョンを描きだして、その実現にチャレンジしている経営者はいるし、経営者の下で社員たちがはつらつと仕事をしているような企業もある。銀行業界もその例外ではない。

銀行など金融業界は厳しい時代を迎えている。そこで、「大変に厳しい」と唸っているだけでは何も変わらない。厳しいからこそ、知恵を絞り出して自らの手で次の時代への扉を開けるしかない。

本書では銀行のビジネスモデルが老朽化した歴史的経緯を振り返りつつ、その老朽モデルの老朽たるゆえんを探ってみた。もし、そこから新たなモデルへのチャレンジの一助となるものが提示できていたら、望外な喜びである。

長きにわたって、ひたすら金融分野を取材し続けた記者にとって、いまも金融分野は魅力にあふれている。素敵なビジネス領域と思っている。変化へのチャレンジを続ければ、その魅力はさらに増すにちがいない。「難しい時代だからこそ面白い」「困難が多いからこそ遣り甲斐がある」と思えるのはチャレンジャーの特権である。そんな気持ちを込めて本書を書き上げてみたつもりである。

浪川　攻

2021年9月

「型破り」な銀行の新ビジネス戦略・目次

第2章 「1960年代型モデル」を引きずる業界

第3章 みずほ銀行「システム大障害」・本当の病巣

第4章 東京・池袋、次世代型店舗のホットゾーン

第5章 疾走する三井住友・慎重な三菱UFJ

第6章 山陰の地銀、大阪の信金の型破りな挑戦

エピローグ 生き残る条件はアジャイル化

プロローグ

ATM（現金自動預け払い機）が消えてなくなる!?

銀行利用難民が発生する？

銀行のビジネスシーンが大きく変わろうとしている。その理由はいくつもある。一つはデジタル化の進展だ。「最先端のＩＴ技術を駆使すれば、近い将来、銀行員のほとんどは無用になる」という銀行員の身の毛がよだつような予想を放つ向きすら現れている。銀行員という人のチカラは、ＡＩを搭載したロボットの能力に取って代わられるという話である。

「キャッシュレス化に伴って、銀行の決済インフラであるＡＴＭ（現金自動預け払い機）が撤去されて消えるときがやってくる」という説も根強い。電子マネーによるキャッシュレス社会の到来を信じ切る向きがそうである。この立場からは、キャッシュを出し入れしたり、送金したりするマシーンであるＡＴＭは、キャッシュレスとともに消え去るという結論になる。

えてして、何事も時間軸の設定次第であり、それが伴っていない予測にはデフォルメが伴いがちである。たとえば１００年後は何から何まで変わっているだろうが、短期間には、それほどの極端な着地にはならないことのほうが多いし、あるいは、その予測とはまったく異なる新たな状況が生ずることもある。デジタルは「ゼロ、イチ」の世界でも、デジタル技術を生かした社会は「ゼロ」でも「イチ」でもない、「サン」の世界になるかもしれない。

それでも、金融の世界が変わることはまちがいない。デジタル技術以外にも変化を促す理由があるからだ。本書ではそれを激変の舞台となる個人や中小零細企業を顧客とするリテール金融分野で考えてみたい。

一般には、銀行という言葉から、コンピュータのディスプレイに取り囲まれたデスクで、為替ディーラーなどが巨額の資金を売り買いしているディーリングルームを即座に思い浮かべる人はいない。脳裏に浮かぶのは、駅前に構える堂々とした店舗やフロアに一直線で続く窓口で大勢の女性銀行員が顧客対応している光景のはずだ。

それがリテール金融分野である。ＡＴＭコーナーもリテール金融のインフラにほかならない。つまり、この先、激変することが予想されているのは、一般庶民が接する銀行のこの領域である。したがって、銀行の激変とはとりもなおさず、一般的な銀行利用者の利用環境の激変ということになる。

「変わると言っても、しょせん、銀行であり、銀行員の人生だろう。我々には関係ない」などと等閑視していると、ある日、銀行の店舗を訪れたとき、とんでもない変化に直面して戸惑うことになりかねない。店舗などは消えてしまって、銀行利用難民のようにうろたえるかもしれない。

銀行はリテール金融分野に人海戦術で臨んできた。店舗の窓口業務をこなす人員をどれだけ投入できるのか、店舗の周辺エリアの中小企業をどれだけローラーをかけるように全面的に営業できるのか。いかに店舗網を張り巡らせるのか――。これらの目的を果たすために、銀行は大量の人材採用を行ってきた歴史がある。

さすがに人件費は膨張した。そこで、銀行が打ち出したのが機械化だ。人手だけに依存する態勢から人手に代替するマシーンの導入への切り替えである。その代表格が、いまや、銀行の代名詞のようになっているATMの登場にほかならない。

現在、ATMはリテール領域の主要な決済インフラとなり、全国的なネットワークも構築されている。銀行の店舗内のみならず、人の集まる街中などには無人コーナーが設置され、さらにはコンビニエンスストアにも必ずと言ってもいいほどにATMが置かれている。

ATMというマシーンの導入はかつて、営業店で働く銀行員たちの働き方を大きく変えた。

繁忙日の銀行店舗は殺気立った雰囲気だった

ＡＴＭが登場し、本格的に導入されるまで、銀行は来店客のすべての要件をカウンター越しの窓口業務でこなしてきた。要するに、人手による対面方式の対応である。これはわが国で銀行制度が確立した明治期から一貫して続いてきた。

銀行の店舗内の仕様はそのために設計され、したがって、明治、大正、昭和、平成、そして、令和の時代に至るまで長らく、銀行の店舗レイアウトはほぼ同じ仕様のままでいた。部分的に見直されることはあっても、基本設計は変わらなかった。なぜか。銀行員の仕事ぶりが同じだったからである。

店舗内を二つに区切るように塀のような間仕切りが設けられて、一方のスペースは銀行員たちが働くスペースで、もう一方は来店客が申請書類を記入したり、用事が住むまで待ったりする顧客ロビーとなる。この二つのスペースを分ける間仕切りのような部分の上部に窓口が設置されていて、テラーと呼ばれる銀行員たちが、顧客ロビーにいる来店客に反対側から応対する。

古い時代には、ちょうど、ハリウッド映画の西部劇に出てくる街の銀行のように窓口は防犯対策としてガラスや鉄格子による厳重な体裁が施されていたが、いつの時代になってか、ガラスも鉄格子も取っ払われた。そして、歳月を経るにしたがって、顧客ロビーが広がって、銀行員の業務スペースが狭まった。

この変化は、銀行を訪れて何らかの用事を済ませる利用層の大衆化に伴って進展したと言える。かつて、庶民は預金口座などを持たず、持ち家などもなく住宅ローンを借りることはなかった。銀行を訪れるのは、企業や資産家など、きわめて限られた人たちやお金を送金する必要性が生じた人たちに限られていた。

しかし、昭和の時代、さらに第二次大戦後になると、庶民も銀行に預金口座を持つようになり、マイホームブームが到来すると、住宅ローンの相談なども増えて、一挙に銀行の営業店には大衆が押し寄せるようになった。そこで、顧客スペースが広がったわけである。

大衆化は戦後、高度経済成長期に突入するや、爆発的な飛躍を遂げた。それは銀行の店舗に如実に表れた。なかでも、勤労者の給料支払日や企業の資金決済が集中する月末日などには、営業店は繁忙を極めた。大勢の来店者が押し寄せて、店内からあふれんばかりに窓口には長蛇の列ができあがっていた。

エアコンもない時代である。夏ともなれば、店内は要件が片付くまで長い時間を待ち続ける数多くの顧客と現金事務に追われる銀行員の動きで蒸し返った。来店客はイラつき、殺気立った雰囲気すら漂った。窓口の銀行員たちは作業に忙殺されて、笑顔など浮かべる余裕はなく、機械的に作業をこなした。そこで、「銀行は冷たい」「銀行員は愛想がない」等々のイメージが助長されていった。

そのなかで銀行員たちはどう働いたのか。当時、大手銀行に入社して営業店で研修を兼ねた事務業務に携わった元銀行員が、そのときの実情を苦笑いを浮かべながらこう説明する。

「なにしろ、繁忙日はてんてこ舞いであり、新入社員たちは窓口業務の女性職員の後ろに配置されて、来店客が指定した支払い金額通りのおカネをプラスチックのお盆のようなカルトンに乗せ続けた。まるでベルトコンベアーの前の流れ作業のように、カルトンがズラッと並んで、最後はテーブルのうえにカルトンがいっぱいになり、足元の床までカルトンが並んだほどだった。金額を間違えると、ふだんは優しい窓口業務の女性から『何やっているのよ!!』と怒鳴られて、惨めだった」

「おカネを引き出す機械」のルーツ

そんな状況を大幅に改善させたのがＡＴＭ効果である。人か機械という原始的イノベーションの時代の幕開けと言っていい。

銀行は「ＡＴＭのほうが便利で速いです」と来店者をＡＴＭコーナーに誘導し、窓口付近の混雑を解消させたのだが、今度はＡＴＭコーナーの前に長蛇の列ができあがった。つまり、長時間にわたって待たされる来店者のいらだちが抜本的に解消したとはいいがたかったものの、銀行にとっては窓口業務の軽減、ひいてはコスト削減にもつながった。

つまり、ATMの導入は「顧客の利便性向上」という美名の下で打ち出された、銀行の画期的な省力化戦略だったとすら言える。

もちろん、銀行が利便性にも配慮したことはまちがいない。銀行業界ではATMの操作時間と処理時間の短縮化を競い合った。大手銀行でその業務にあった元銀行員は「タイムウォッチで預金の出し入れ、振り込みなどを済ませるまで何秒かかるのかを測定し、一秒でも処理速度が速まると『ライバル銀行に勝てる』と喜んでいた」と言う。

もちろん、それによって自身の銀行の顧客評価が上がって、他の銀行から預金口座を移し替えてもらうことを狙ったミクロの決死圏的な戦いぶりである。牧歌的なのだが、当時は真剣だった。なぜならば、銀行業界では預金金利に差はなく、手数料も一律的であり、そこでは競争は成立しなかったからである。

これは30年前の話であるが、ここでは時計の針をさらに逆戻りさせてみる。ATMがわが国で初めて登場したのは1979年のことである。それ以前には、いまや、撤去されていなくとも、ATMコーナーの片隅にひっそりと置かれているCD（キャッシュディスペンサー）が最先端のマシーンとして君臨していた。ATMの原型であるCDは、預金しているおカネを引き出すだけの機能しか持ち合わせていなかったが、それでも、登場した当時は画期的な最新鋭のマシーンだった。

わが国で初めて、CDが世の中に登場したのは1969年、つまり、高度経済成長期の真っただ中であり、東京オリンピックが開催され、東海道新幹線が東京・大阪間を4時間で走り抜けるようになって5年後のことである。

ただし、当初のCDでは、1000円札を10枚単位で引き出すことしかできなかった。当時の物価から考えると、高額キャッシュの引き出し手段だったにちがいない。それが1971年の改良によって、利用者は引き出したい金額を指定することができるように仕様変更された。これまた、当時としては飛躍的な利便性向上である。一挙に利用が広がったことはまちがいない。

そして、CDからATMへとマシーンは機能が高度化するとともに、巨大な決済網としてのATMネットワークへと発展していった。それに伴って、銀行の営業店では働き方改革が進展したわけである。

時計の針をさらに逆回転する。ATMの母と言えるCDというマシーンはいかにして生まれたのだろうか――。

NHKの人気番組『チコちゃんに叱られる!』を模したような、この問いに対して、明確に回答できる人は、銀行員のなかにもほとんどいないにちがいない。じつは、CDは英国で生み出されている。申し訳ないが、具体的にいつの時代かは分からないが、かなり古い話であることはまちがいない。

CDを考案した人物をここでは「ミスターCD」と呼ぶ。ミスターCDはあるとき、街をぶらついていて、ふと、それに気が付いて立ち止まったか、あるいは、それを利用して、「オッ!」とひらめくものがあった。それとは、お菓子の自動販売機だった。定められた金額のおカネを機械の現金投入口に入れると、お菓子が出てくる自動販売機をみて、ミスターCDは思ったのだ。

「おカネが出てくる機械もできるのではないか」

このときこそ、その後、銀行業務の一大変革をもたらすことになる瞬間だった。ミスターCDはこのひらめきを得て、さっそく、お菓子ならぬ、おカネの自動販売機（もちろん、販売機ではないが）を考案して発明した。

つまり、ATMの母はCDであり、祖母はお菓子の自動販売機だった。

ATMからお菓子が出てくる⁉

それから、随分のときが過ぎて、いま、銀行は過去にもなかった革命期を迎えている。いったい、いかなる状況がいかにして起きてくるのか。様々な人たちがそれぞれに銀行革命シナリオを描きつつある。

繰り返しになるが、ある一部の人たちは「ＡＴＭが消え去る」という。キャッシュレス社会が到来すれば、現金を出し入れするマシーンであるＡＴＭの必要性もなくなるという読みである。確かに、徹底したキャッシュレス社会が実現されると、現金を財布に入れて持ち歩く必要はなく、スマホやクレジットカードですべての用事を済ませられるにちがいない。

キャッシュレス化は国の政策にも掲げられ、新型コロナ感染症が深刻化して以降、人の手を渡り続ける現金は衛生面でも敬遠されがちで、一部でキャッシュレス化に拍車がかかっている面もある。

だが、ここではこんな仮説を立ててみたい。それはＡＴＭからお菓子が出てくるような逆転的な劇的な変化が訪れるのではないかと。

ＡＴＭはキャッシュを出し入れしたりするマシーンだが、それは銀行業務を人手から代替する手段でもあった。１９８０年代に銀行業界で急拡大した背景には、顧客の利便性向上という目的もさることながら、人手による業務量削減によるコスト軽減効果が期待できるという銀行のソロバン勘定があった。

しかし、人手を代替したからと言って、ATMの機能が自在になったというわけではない。銀行は免許業種である。誰でも「やってみよう」と思いついて、誰でもある日、家の外に「銀行」の看板を掲げて始められるという商売ではない。

銀行業に参入するには、国が定めた厳しい認可条件を満たす必要があるし、銀行のビジネスは銀行法、金融商品取引法という金融法制の体系で厳格に規定されている。

このルールはATMにも当てはまる。ATMで提供できるサービス、つまり、ATMの機能も法的に規定されている。預金の受け払い、送金などの資金決済、そして、通帳の記入など、これらは法的に認められた銀行業務である。

かりにATMによるお菓子販売がATMの送金手数料よりも高い利益を銀行にもたらすとしても、それができるかどうかは銀行法の規定次第であり、その答えはいまのところ、明確に「ノー」である。

しかし、将来的にはどうなのか。これはひとえに「銀行とは何か」という定義づけにかかわってきている。つまり、いま、銀行に問われているのは、「自分たちは何者なのか」という命題なのだ。

第1章

変貌のチャンスを捨てたスルガ銀行

大規模不正融資「かぼちゃの馬車」事件

２０２１年６月、静岡県に本拠を構える地銀、スルガ銀行を巡って金融庁は神経を尖らせていた。スルガ銀行といえば、２０１８年、不動産ディベロッパーと組んだ投資用シェアハウス向け融資で大規模な不正行為が発覚し、その処理のために巨額の損失計上を迫られ、同時に金融庁から厳しい行政処分を受けていた。経営の刷新を迫られて、いま、出直し的な再生のさなかにある。そんな同銀行の動きに、なぜ、監督官庁は再び、関心を高めたのか。

本題に入る前に、少し、２０１８年に発覚したスルガ銀行事件を振り返ってみよう。同銀行は岡野喜太郎氏が１８９５年に設立し、その後、岡野家が代々社長を務めてきたオーナー企業だった。

静岡県はスルガ銀行のほかに、県内トップの静岡銀行や清水銀行があり、さらには第二地銀の静岡中央銀行も加えて、県内４銀行という地銀密集地域でもある。そのなかで、スルガ銀行はオーナー企業ならではと言える独特のスタイルのビジネスで異彩を放ってきた。その背景にあったのは、やはり、地銀密集地域という県内事情である。

県内では静岡銀行が稠密な店舗ネットワークを張り巡らせて、他の銀行を寄せ付けないような権勢をふるっているだけに、選択肢は二つしかなかったと言える。県内で静岡銀行の後塵を拝する形で小規模銀行として生きるか、それとも、成長のために県外に進出していくのか。スルガ銀行が舵を切ったのは、後者の県外進出だった。隣県の神奈川県に進出し、店舗網を広げていくと同時に、東京都内でも積極的なビジネスを展開し続けた。

そのような広角経営は、ときとして脇の甘さを生んで、昭和40年代には有名で、いまだに絶えない詐欺犯罪である「M資金」事件に東京支店が巻き込まれたこともあった。

もっとも、2018年の不正事件に比べれば、損害は軽微だったにちがいないし、同銀行は被害者の立場だった。しかし、2018年は加害者である。

同事件は、東京・銀座に本社を構える不動産会社、スマートデイズ社の経営危機が発端となって明るみになっていった。スマートデイズ社は、当時、人気が高まっていたシェアハウスを建設し、それに投資を募ってサブリース（不動産転貸）で賃料を投資者に還元するというシェアハウスビジネスを広げていた。要は、新手の不動産ディベロッパーである。その一つが女性専用のシェアハウスである「かぼちゃの馬車」だった。

女性向けらしいネーミングだが、2018年1月25日以降、「かぼちゃの馬車」は文字通り、魔術の効力が失われて華麗な馬車がかぼちゃという元の姿に戻ってしまったような事態に陥った。ここに投資してオーナーとなっていた投資者たちに対する賃料支払いが突然、ストップしてしまったからである。そして、5月15日には、スマートデイズ社の破産手続きが東京地裁によって決定された。

スマートデイズ社の賃料支払い停止の引き金を引いたのがスルガ銀行だった。同銀行がスマートデイズ社への融資をストップさせたことによって、綱渡り経営だったスマートデイズ社は一挙に資金繰りが悪化を来してしまったのだった。

スマートデイズ社とスルガ銀行の泥沼化した不正行為が暴かれた。スマートデイズ社は実態から乖離した甘い誘いで投資者たちを集めて、その投資者たちにスルガ銀行は投資資金を融資していた。2018年5月15日、世の中の批判に押されるようにスルガ銀行が公表したのは、シェアハウス向けの融資総額2035億円8700万円、資金借入の債務者数は1258人という実態だった。

そして、次々に明らかになっていったのは、スマートデイズ社向け融資はもとより、シェアハウスへの投資者、つまり、シェアハウスオーナー向けの融資でも広範囲に行われていた不正行為のヤマである。審査関係書類の改ざんなどスルガ銀行の銀行員たちが主導して、本来であれば、融資を提供できない人たちにも巨額融資が行われていたのだ。

しかも、次第に明らかになった銀行の内情は、過剰なノルマとパワーハラスメントが蔓延する前時代的なマネジメントだった。

これはユニーク経営ともてはやされたスルガ銀行の成れの果ての姿であり、馬車がかぼちゃに戻った瞬間でもあった。この不正事件の処理の一環として、岡野家と同銀行との関係は遮断され、不正に手を染めた銀行員たちが厳しい処分を受けるとともに、スルガ銀行は損失の賠償、貸倒引当金の計上などで巨額の赤字決算という代償を支払うはめになった。経営陣は大刷新された。

家電量販店大手・ノジマがスルガ銀行から撤退

その顛末から2年ほどが経過していた2021年になって、金融庁が再び、スルガ銀行に神経を尖らせたのは、不正融資事件が再燃したからではない。経営立て直しの一環として、スルガ銀行に出資し、経営にも参加していた家電量販店大手のノジマがスルガ銀行から撤退する雲行きになってしまったからだった。

スルガ銀行は不正融資処理の過程で生じた巨額損失処理と資本棄損という事態に直面したが、その渦中で同銀行への出資を決定し、2019年10月、同銀行の株式総数の18・52％を保有する筆頭株主に躍り出たのがノジマだった。ノジマの野島広司社長はスルガ銀行の取締役副会長に就任し、以後、取締役会において、様々な新規戦略を提案していたと言われている。

ノジマがスルガ銀行に出資し、経営に参画した目的は、自社のビジネスモデルと銀行の融合にあったにちがいない。「ノジマは、デジタル技術を駆使する形で量販店と銀行ビジネスを一体化させた新たな店舗の創設などを提案し続けていた」と関係者は語る。それに見合った経営陣の刷新も求めていたと言われている。

ところが、その提案が日の目を見ることはなかった。ノジマの提案は、スルガ銀行のプロパー役員たちなどによって、ことごとく否定されていったからだ。これでは、ノジマは出資し、経営の一角を担った意味はない。

ノジマはスルガ銀行に見切りをつけた。それが経営からの撤退とスルガ銀行株式の売却・譲渡という話にほかならない。スルガ銀行は5月27日、6月の株主総会に提示する取締役人事で野島副会長が退任すると発表した。もちろん、資本提携はご破算になるにちがいない。

18%超のスルガ銀行株式の行方が取りざたされる事態になった。たとえば、東芝の株式を保有した「物言う株主」と言われるアクティビストファンドの手に株式が渡れば、スルガ銀行は取締役の解任などの株主提案を相次いで受けて、右往左往することにもなりかねない。

実際、スルガ銀行を巡る、この内情に着目して海外の空売りファンドが動きだした。空売りファンドは、企業のネガティブな情報に基づいて、当該企業の株式を空売りすることによって巨額の利益を目論む投資ビジネスである。それもあってか、株式市場全体が上昇トレンドを続けるなかで、スルガ銀行の株価は2021年3月下旬に500円手前まで値上がりして以後、急速に値を下げ続けた。

もっとも、株価が下落したからと言って、即座に経営が危ぶまれる状況になるわけではないし、ノジマが保有するスルガ銀行株式をなんらかの方法で手放したからと言って、スルガ銀行の近未来に危険信号が灯るわけでもない。

金融庁が神経を尖らせたのもその部分ではなかった。断っておくと、このイラつきは伝統的な行政感覚のレベルにもなかったとも言える。伝統的な金融行政の目的は、世の中に迷惑をかけるような経営危機やそれを発端とするシステミックリスクの発生（経営危機のリスクが金融市場を経由して他の金融機関に伝播するメカニズム）の回避・防止にある。スルガ銀行の現状はそのステージにあるわけではなく、単なる銀行内の路線対立にすぎないからだ。

「変貌のチャンスをなぜ、捨て去るのか」

では、なぜ、イラつくのか。

「せっかく、変貌できるチャンスをなぜ、むざむざ、捨て去るのか」

金融庁幹部の一人が発したこの言葉こそ、答えと言っていい。金融庁は2020年から2021年にかけて、銀行の憲法と言える銀行法の改正に着手している。そのエッセンスは銀行に規定された業務領域の拡大という規制緩和である。

従来であれば、絶対に銀行には認められなかった非金融ビジネスへの参入の道を開いたのがこの銀行法改正である。

具体的には、地域の物品の流通を手掛ける地域商社や人材派遣業、システム販売などを銀行は行えるようになった。従来、銀行は他産業に対する強い立場にあり、競争政策上、金融本業以外への進出は優越的地位の濫用などの観点から認められなかったことを踏まえると、一大改革の法改正と言っても差し支えない内容である。

そうした法改正に乗り出そうとしていたにもかかわらず、とうの銀行の経営者たちのほうが現状維持から踏み出さないことに対して、金融庁はいらだちを隠せなかった。

いうまでもなく、金融ビジネスの主役は金融庁ではない。あくまでも個々の銀行が主役であり、個別の経営判断が尊重されなければならない。近年、金融庁は、かつての金融危機の局面などで行政処分を打ち続けた名残でもある「金融処分庁」から「金融育成庁」へ変わったと強調し続けている。

官庁に育成される民間ビジネス、民間業界とはいかなるものなのか、やや理解に苦しむネーミングではあるものの、新たな金融を育もうという金融庁の意欲は十分に伝わってくる。その意味からすれば、やはり、「せっかく、変貌するチャンスなのに…」という言葉が思わず口に出てしまうような状況がスルガ銀行にある。それをただ見続けるしかない金融庁のいらだちだった。

もちろん、スルガ銀行の経営責任を負う立場では、「二度と失敗は許されない。脇を固めて堅実にいく」という経営者心理になっておかしくない。だが、マイナスを恐れて、ゼロで固めるのが将来的に正しいとは限らない。

そもそも、スルガ銀行の不正事件の背景を辿っていくと、静岡県の地銀でありながら、同県内では事業拡大による成長の期待が持てず、県外へと進出していった独特の戦略に行きつかざるを得ない。それは一つのチャレンジだったとは言えるものの、前のめりで足腰がついていなかったがために、表層的なビジネスに陥り、最終的には融資先との提携によるローンで深刻な不正を繰り返してしまった。

そもそも、銀行業界は他の産業に比べて、科学的なアプローチが乏しく、その代わりに数字合わせのような管理手法による経営の側面が強い。銀行が顧客の帳簿をチェックして、融資実行が妥当か否かを見極めるようなビジネスを主業としている以上、日々の仕事ぶりに会計学の素養が不可欠であることは言うまでもない。経営にも決算内容の妥当性を判断するなど会計学の素養が求められる。

しかし、だからといって、科学的なアプローチがなくていいという結論にはならないはずである。ところが、現実には科学的なアプローチは乏しく、店舗の進出の際には過去、「3年目でフローベースの黒字転換、支店長3代目でストックベースでも黒字化」という会計管理的な基準が金科玉条のように敷かれて、それが見込めるエリアへの出店が一律的に行われてきた。いまは、採算割れで店舗撤退という話が少なくない。

店舗という建物の仕様も、管理的に一律である。国の免許業種で様々な規定が敷かれている面はあるが、それを超えて画一主義的なカルチャーが続いているのは店舗の風景をみても理解できる。

米国のダイナミックな地銀改革

この点、米国では状況は異なっている。こちらでは、銀行業界、そして、証券業界が絶えない革新の歴史を刻み続けている。不断の金融改革と言ってもいい。2009年に発生した巨大な金融危機、リーマンショック後の銀行革命については拙著『銀行員はどう生きるか』（講談社現代新書）で紹介したが、変革の動きはこの局面のことだけではない。

その実情については、往々にして、シティバンクやバンク・オブ・アメリカ、さらにはモルガン・スタンレー、ゴールドマン・サックスといったスーパービッグプレーヤー、すなわち、世界的な大企業の話としてその一端がわが国にも伝わってきている。しかし、変革に挑んでいるのは世界的な金融プレーヤーだけではない。リージョナル・バンクと呼ばれる地銀の領域でも劇的な変革が続いている。

合衆国である米国では、金融分野にもそれが反映している。マネーセンターバンク、メガバンクと呼ばれ、全国、あるいは世界中で活動している大手銀行は国全体の連邦法で規定されている一方で、地銀は活動する州の法律である州法で定められている。いわば、州法はその州の実情に適した法体系ということになるだろう。したがって、大手銀行と地銀、あるいは、地銀同士でもビジネスの規定も異なっている。

これは、メガバンクも地銀も銀行法という一つの法体系で括られているわが国との法的バックボーンの大きな違いだが、それだけで地銀に劇的な変化が生まれているというわけではない。

たとえば、その一つに買収がある。銀行を他産業の企業が買収して、新たな経営とビジネスのモデルを作り上げるというパターンである。あるいは、買収ならずとも、他産業で成功した経営者が銀行経営を託されて変革するというパターンもある。いずれにしても、他産業で経営に成功した人物たちが銀行の経営を担って、新たな風を銀行内に吹かせる形で変貌を遂げていることに変わりはない。

その一つがニュージャージー州チェリーヒルに本拠を構える地銀、コマース・バンクのトップを務めたバーノン・ヒル氏である。同氏はハンバーガーチェーンである「バーガーキング」のフランチャイジー企業、レンタカー企業の経営者など幅広いキャリアを積んだ人物であり、見事にコマース・バンクを成長軌道に乗せることに成功した。

「優れた企業は、その業界のビジネスモデルを再定義する」と語る同氏は、銀行経営に小売業の手法を大胆に取り入れたことで知られている。小売業がエリアごとの特性を踏まえた商品ラインナップを考えるように。店舗進出するエリアの特性に応じたビジネスを組み立てて成功している。

同様に、オレゴン州の地銀、アンプカ・バンクは銀行の店舗を進出する地域の文化や特性に合わせた仕様で作り上げて、やはり、店舗内では銀行ビジネスに限らない、地域のニーズに合わせて、買い物など様々な用事を済ませられるようにしている。同銀行では、店舗は支店と呼ばずに「ストア」と呼んでいると言う。

そんな米国のダイナミックな地銀事情からすれば、わが国は地域が疲弊して、様々な産業が撤退したり、店を閉鎖したりしているなかで、自らは撤退せずに、店舗を維持しているにもかかわらず、なぜ、銀行は頑なに狭い範囲の銀行サービスだけを提供しているのかという話にもなっていってておかしくない。ところが、いま、多くの地銀が努めているのは、遅ればせながら、銀行も「店舗を統廃合してこの地域から撤退します」という店仕舞いパターンである。

もし、科学的なアプローチがあれば、この地域にはこのような店舗、あの地域には違った店舗、さらにはその地域性も踏まえて、店舗レイアウトも、あるいは、取り扱う商品・サービスも個々に異なるというアプローチがあってよかったのだが、そのような実験的な試みは乏しく、大勢は、同じ仕様、同じビジネスによる相対比較による採算判断だけだったと言っていい。

平時が続けば、そんな伝統的な取り組み方を見直すというチャンスは訪れにくく、前例踏襲型に陥りやすい。裏返して言えば、出直し的な改革が迫られるような非常事態こそ、科学的なアプローチで自らを変貌させる絶好のチャンスということになる。その典型的な立場にあるのがスルガ銀行とすれば、ノジマの量販店と銀行の店舗（機能）を融合させた新たなモデルをそれに合致する地域状況のエリアに出店するという実験的なアプローチが起きてもよかった。

そのうえで、量販店と銀行店舗を別個にしているモデルと融合モデルを比較、分析して次のエリア戦略の土台を築けばよい。科学的アプローチの初動である。

それを否定して、従来型のモデルから一歩も踏み出さないのは、結局、自身が背負っている宿命のままで生きるしかないということを意味している。やはり、金融庁関係者のように「せっかくの変貌のチャンスなのに…」というため息交じりの声になっておかしくないように思えてくる。

利ザヤ喪失による経営深刻化

スルガ銀行の不正事件は、厳しい経営環境のなかで生き抜くための戦略について根本的なミスを犯した結果である。しかし、スルガ銀行に限らず、メガバンク、地域銀行はすべて経営環境の厳しさが増し続けた。

そのなかで、多くの銀行が抱いていた「いずれ、経営環境は好転する」という一縷の望みすら崩れ去ったのは2015年前後のことと言える。安倍晋三政権の発足後、2013年から日銀が本格的に開始した「量的・質的金融緩和」以降も、「前年比2%の伸び率で物価が安定的に推移する」という政策目標は一向に達成の見込みが立たず、あらゆる金利水準が上から叩きつぶされる状況が深まったからである。

金利水準の低下によって、企業の資金需要が喚起されて銀行の貸出は伸びて景気は循環的に好転するというシナリオは実現せずに、画餅になりかけていた。むしろ、市場金利の大幅な低下は銀行の収益源である預金金利と貸出金利の差である利ザヤを縮小させて構造的な収益悪化があらわになりはじめていた。

もちろん、このような大胆な金融緩和を実行し続けたからこそ、物価は下落せず、デフレに陥らなかったという見方もできないわけではない。しかし、長期化する政策は着実に銀行の収益力をそいでいたうえに、政策目標の達成見込みが立たないことで「いずれ、政策転換があり、収益環境は改善する」というシナリオは総崩れになりかけていた。

そうしたなかで、2015年暮れになると、銀行業界にはこんな情報が駆け巡りだした。

「日銀が新たな金融緩和政策に乗り出しそうだ」

「量的・質的緩和」政策は、時の経過とともに大規模化し、そろそろ、常識的には限界に近付いていた。そこで、「日銀は従来とは異なる金融緩和に動き出す」という見通しが強まったのだった。メガバンクの経営者たちのもとに伝えられた予想の一つが「マイナス金利の導入」だった。前代未聞の話である。

金利がマイナスとなれば、おカネを貸した側が借りた側に利息を支払うと言う本末転倒な事態が起きることになる。したがって、ある銀行トップは「いくら何でも、それだけはありえない」と苦笑したのだが、年が明けると、俄然、「マイナス金利の導入はまちがいない」というムードが強まっていった。

そして、2016年1月、日銀は「マイナス金利」の導入を決定し、2月には実行に移した。日銀のマイナス金利政策は、日銀当座預金の付利を一定条件の下でマイナス0・1%に設定するという内容である。民間銀行は日々、発生した余剰資金を日銀当座預金に預け入れている。

従来、その金利は0・1%であり、軽微ながらも日銀当座預金に預け入れれば、プラスの収益が得られた。その基本的な部分は変わらないものの、一定条件を超えたような預金についてはマイナス金利を当てはめるというのがマイナス金利政策であり、一見すると、きわめて限界的な政策のようにもみえる。

しかし、その効力は絶大だった、同政策決定を受けて、あらゆる市場金利が下がってしまったからだ。銀行が実行する企業向け、個人向け貸出の金利設定には市場金利の水準が基準に置かれている。したがって、市場金利が下がってゼロ水準に張り付いたり、さらにはマイナス金利に突入したりしてしまえば、貸出金利も引き下げざるを得ない。

企業向けの貸出金利の水準には借り手の信用力が影響するので一律ではないが、相手が優良企業の場合には、マイナス金利にはならずとも、ゼロ水準に限りなく近い金利水準になりかねない。

その一方で、預金金利はすでに著しく低下しているとはいえ、ゼロ水準やマイナス水準には設定できない。したがって、すでに悪化していた銀行の預金と貸し出しの金利差、つまり、預貸金利ザヤは一段と悪化を来した。預貸金利ザヤに有価証券の収益性まで加えた総資金利ザヤが逆ザヤに陥る銀行すら広がっていった。

企業の利益構造は、売上に当たる営業収益の次に業務粗利益がある。そこから営業費用を差し引いたのが営業利益だが、銀行の場合、一般貸倒引当金繰入額の控除前の利益項目として業務純益があり、そこから与信関係費用の総額を差し引いて得られるのが経常利益である。利ザヤの悪化は、この収益構造のトップ項目である業務粗利益からの悪化をもたらした。

だが、利ザヤ喪失の主因である歴史的な金融緩和政策には転換の可能性をまったく見込めない。それどころか、金融緩和の度合いは深まるばかりだった。

あらわになる邦銀による海外ビジネスのボトルネック

2015年から2016年にかけて、このような事態に直面した銀行業界にようやく芽生え始めたのが「厳冬期にも生き延びるための経営改革」（大手銀行）の必要性の認識にほかならない。

じつは、この深刻な事態が緩衝なく直撃する立場にあったのが地域銀行だった。というのも、地域銀行のビジネスはほとんど国内業務で構成されていたからである。裏返して言えば、メガバンクはすでに収益の40%~50%近くを海外などの国際業務が占めており、利ザヤの極端な悪化という国内要因による収益上の打撃を国際業務の拡大で補うことができていた。したがって、収益面の影響度を単純にとらえれば、地域銀行に比べて、メガバンクははるかに余裕があったようにも見えた。

しかし、現実はちがった。それとは逆に動き始めていたからだ。

わが国のメガバンクにとって、２００９年からの５年ほどは苦しいながらも飛躍のステージにあった。そのステージは海外部門だった。２００９年に発生したリーマンショックによって、欧米の有力銀行グループが軒並み、深刻な経営悪化を来した中で、同ショックの傷が浅く済んだわが国の銀行業界には僥倖と言えるような局面が訪れた。

経営悪化を来した欧米勢が生き残りに向けた資産圧縮のために、保有資産や海外拠点の売却に動き、わが国のメガバンクはそれらを買い取って海外部門を強化することに成功したのだ。短期間のうちに飛躍的な成長を遂げることができた局面だったと言える。

ところが、である。いわば、敵失のようなパターンで得た好調さはそれほど長くは続かなかった。邦銀による海外ビジネスのボトルネックがあらわになり始めたからである。ドル資金調達である。

ドル資金ベースでビジネスが行われている海外業務を巡って、つねに邦銀の足かせになってきたのが外貨ファンディングと呼ばれるドル資金の調達問題である。邦銀は海外ビジネスを行うには、そのたびにドル資金を欧米の有力銀行から借りたり、あるいはマーケットで調達したりしなければならない。そこには調達コストという問題がつねに控えている。

マーケット調達の有力な手段は円資金をドル資金と交換する通貨スワップであるが、これもスワップレート次第でコストが決まってくる。邦銀の海外ビジネスはそのビジネスの採算性にドル資金調達コストを上乗せするという構造にならざるを得ない。

それでも、ドル資金の出し手である欧米の有力銀行がリーマンショックの後遺症で弱まっていた局面はよかった。信用力の差も反映して、邦銀は廉価なドル資金を調達できていたからである。しかし、その好環境は長くは続かなかった。

「欧米の銀行がリーマンショックの深刻な事態を脱して、次第に本来の強さを回復してくるにしたがって、ドル資金調達問題が重たくなっていった」

あるメガバンクの幹部は、海の色がにわかに変わり始めた2015年当時のことをこう振り返る。ドル資金の調達コストがジワジワと重たくなり始めたのだ。

それは日銀の懸念事項でもあった。たとえば、2015年7月30日、東京都内の会場に銀行の経営者を集めて開催された「トップマネジメントセミナー」の場で、日銀の幹部はこう語っている。

「大手銀行を中心とする邦銀の海外エクスポージャーは、資産圧縮を続ける欧州の銀行を上回り続けている。急速な外貨資産の伸びは、おもに市場調達の増加によって賄われている。安定的な調達基盤の確保が重要になっている。その一方で、邦銀の調達圧力の高まりを反映して、外貨調達コストは上昇傾向にある」

実際、ドル資金調達の有力手段であるドル／円の通貨スワップでは、2014年秋ごろには40ベーシスポイント程度に落ち着いていた一年物レートがその後、じりじりと上昇し続けて、2015年の初春には70ベーシスポイント程度まで跳ね上がってしまっていた。

欧米、なかでも米国の有力銀行の急激な回復ぶりを踏まえると、この上昇傾向が収まるという期待は持ちにくい。先行きには懸念がある――。日銀の幹部は言葉を選びながらも、このような問題意識を示し、注意を喚起したのだった。

とにかく、国際業務を展開する邦銀にとって、外貨、すなわち、ドル資金の調達はボトルネックである。それは、金融危機などの際に、ドル／円のスワップレートに象徴される邦銀のドル資金調達コストが跳ね上がる「ジャパン・プレミアム」として表面化する。

近年では、新型コロナ問題が最初に深刻化し、世界経済が危機に瀕した2020年春にも起きた。このときは、日銀と米国の中央銀行であるFRBが連携したドル資金供給政策で、邦銀のドル資金調達危機は乗り切れたが、平時に見える環境でも邦銀にはつねに潜在的なリスクとしてこの問題がある。

2015年の日銀による警鐘は正鵠を射たものだった。間もなく、少し前までは絶好調と言ってもはばからなかった大手邦銀に冷たい逆風が吹き始めたからだ。米銀が回復基調を早めるにしたがって、次第にリーマンショックの傷こそ浅かったものの、肝心の母国市場、すなわち、国内分野で苦戦し続けている邦銀の実態があらわになり始めたからだった。

高まっていた「格下げ」の可能性

とはいえ、国内・海外の両分野を合算したメガバンクの収益水準は決して悪化を来したというほどではなかった。しかし、国内の不振を海外分野の伸長でカバーしているというメガバンクの構造問題が次第に注目されるようになってきてしまった。この点に強く着目した向きが格付け会社にほかならない。

格付け会社がランク付けする格付けは、国際金融市場でその企業の信用力を判断するうえで重要なメルクマールである。格付けが下がれば、国際金融市場における資金調達レートは上乗せされて、資金調達する側はコスト増を余儀なくされる。

格付け会社は定期的に格付けを提供する企業に対するヒアリングを行ったうえで格付けの見直し作業を行っている。2016年、メガバンクにもそのタイミングが近づいてきていた。

その際、国内の不振を海外業務でカバーしているという構造的な問題が重視されると、格下げを食らうリスクがあった。そうなれば、海外業務のボトルネックであるドル資金の調達コストが上昇しかねず、好調だった海外業務の収益力がそがれかねなかった。

国内の不振を海外業務がカバーするという構造は変わって、不信の国内業務が成長余力のある海外業務の足を引っ張るという、これまでとは異なる構図に陥りかねない。

国内の不振は深刻さを増していた。なかでも、リテール分野は深刻だった。利ザヤが極端に悪化するなかで、数多くの人材を配置しているこの分野の業務上のコストは多大であり、クレジットカードや消費者金融などグループ企業の収益を上乗せする連結ベースでは収益が出ている格好にはなっていたものの、銀行単独では実質的に赤字体質がはびこっていた。

要するに、2015年以降、メガバンクを巡る経営環境は、地域銀行とは異なって海外業務の依存度が高まっていたがゆえに、赤字体質のリテール分野をはじめとする国内部門に抜本的なてこ入れを迫られるという独特のメカニズムが働き始めていた。

そのタイミングでわが国に本格的に押し寄せてきたのがデジタル化の波にほかならない。リーマンショックの痛手から急ピッチの回復を遂げた米銀の背景にあったのもデジタル化である。

「もはや、待ったなしという感じだった」

メガバンクの役員の一人は、ようやく、抜本的なモデル改革に目覚めたそのときをこういう表現で言い表した。

その動きが世の中に具体的に見え始めたのは2017年11月末のことである。2017年度の第2・四半期決算の記者発表の席上で、三菱UFJ、三井住友、みずほの3メガバンクグループは相次いで、ビジネスモデル改革とも言える戦略の内容を明らかにした。3グループの首脳は挙って、デジタル社会の到来に照準を合わせた改革という押し出し方でアピールしたものの、そこには、従来のモデルがすでに臨界点を超えて、時代遅れと化しているという認識が見え隠れしていた。

厳しい環境に追い詰められたという立場だったからであり、リーマンショック直後の数年間にかけて見せていた欧米の有力銀行を追い抜くような威勢のよさは影をひそめてしまっていた。だからこそ、前例にとらわれないような一大改革へと誘われたのだった。

第2章

「1960年代型モデル」を引きずる業界

不振にあえぐ国内部門を放置していた

「山あれば谷あり」というように好不況が循環するパターンだった景況の足取りに異変と言うべき状況がこの十何年も続いている。景気への伝統的な見方である循環論だけでは説明がつかない。日銀による未曽有の金融緩和策で株価の上昇はあっても、肝心の物価上昇は一向にもたらされない。「景気回復と言われても実感が得られない」と語り続けられている。

「超金融緩和で企業の資金需要が喚起される」と言われてきたものの、銀行業界では新規貸し出しが伸び悩み、「貸出難」は改善しない。

したがって、国内業務が主体の地域銀行は地域経済の疲弊も相まって収益状況が厳しく、「銀行問題は地域銀行問題」という位置づけがなされがちになった。金融庁が「地域銀行は持続可能なビジネスモデルの構築を」を呼びかけたこともあって、メディアは地域銀行の構造的な収益悪化をことさら大きく報じはじめた。

しかし、構造問題に直面していたのは地域銀行だけではない。メガバンクも大きな構造的な問題に直面しつつあったからだ。

「不振にあえぐ国内部門の実情を放置したままにしている」

こうした見方が市場評価の陰りを生んでいた。

市場評価は信頼性の高さを決定づけるだけではなく、競争条件を左右する重要なファクターである。したがって、国内部門の不振状況を放置しておくと、銀行全体に対する市場評価の悪化につながって国際競争力を削がれかねない。そうなれば、成長をけん引している海外業務の競争力は損なわれて、銀行の成長シナリオ全体が崩れてしまう。

２０１７年11月、同年度の第２・四半期決算発表の場で、メガバンクグループのトップたちが発した言葉にはその危機感がにじみ出ていた。

「今年度上期は、昨年来懸念していた現象が現実のものとなって現れた」

たとえば、三菱ＵＦＪフィナンシャルグループの平野信行社長（当時）は、このように最悪のシナリオが現実化しつつある実情を率直に表現した。そして、３グループのトップが強調したのが国内部門を刷新するというビジョンだった。

海外部門ではつねに欧米の有力銀行という強豪と戦わなければならない。そのためには事業態勢を最新鋭のレベルに保つ必要がある。したがって、ビジネスモデルにも見直しがなされてきた。

ところが、母国市場である日本国内では事情は異なる。なかでもリテール金融分野は邦銀の独占市場と言っても過言ではない。邦銀同士による同様のビジネスモデルの煮詰まった闘いが繰り返されてきた。相互ににらみ合う構造のなかで、伝統的なビジネスモデルを抜本的に見直す動機は生まれなかった。

しかし、銀行間の競争は変わらなくても、経営環境を構成する社会構造や経済成長率などの条件は大きな変化を遂げていた。銀行は内向きすぎる競い合いをしているうちに、時代の変化に取り残されかけて、ビジネスモデルは経営環境に適さなくなっていた。

自動車の世界では、ガソリンで動くエンジンと電気で動くモーターの二つの原動機を持つハイブリッド車や電気だけで駆動するＥＶ車の時代に変わってきている。これらによって、自動車の燃費性能は飛躍的に向上している。そんな世の中で、銀行の国内モデルは、旧式エンジンを吹かし続ける燃費効率の悪い車と化していた。

同業のライバルたちも同様にハイブリッド車やＥＶ車に転換せずにいて、旧式エンジンを吹かし続ける競争を続けているだけに、どの銀行もモデルチェンジの必要性を痛烈には感じずに走り続けていた。

「反改革論のほうが強かった」

もっとも、銀行が自身の変貌に必要性を感じて、焦燥感を強めた時期が過去になかったというわけではない。ときとして変革に向けた議論が活発化した場面はあったといえるが、そこから生み出されたのは本質的なモデルチェンジではなく、既存モデルの部分的な修正にとどまったり、あるいは、議論すらも、いつの間にか消えてしまったりしていた。

「抜本的な改革によって混乱が生じて、短期的に収益力が下がれば競争に負けてしまう恐れがあるという反改革論のほうが強かった」

大手銀行でかつて経営企画担当の役員を務めた経歴がある人物はこう語り、免許業種としての既得権益に浸るなかで、同質的なビジネスの闘いで目先の利益の確保に追われ続けた実情を説明する。新規参入が限られていたことによって、終始、同じライバルと貸出残高、利益水準などの目先的な数字の積み上げ競争に明け暮れて、長期的なビジョンを描くという発想まで至らなかったというわけである。

以前から銀行でも中長期スパンの経営計画が策定されてきた。しかし、それは現状を起点として、真っすぐ直線を右肩上がりに伸ばすようなビジョンにすぎなかった。というよりも、経営計画を策定する本部エリートたちは、右肩上がりに直線を引くことこそ仕事であり、その計画が描けるように貸出、預金、あるいは証券商品の販売などの予想値を積み上げる積算努力を繰り返していた。

別の大手銀行関係者は独特の事情を「銀行ならではのストックビジネスという収益構造」で説明する。

一般企業であれば、商品・サービスの売れ行きの好不調は如実にその決算内容に反映される。しかし、銀行の主力商品である貸出は満期返済までの期間が3年、5年というように長く、借り手が完済するまでは貸出残高として銀行のバランスシートに積みあがっていく。固定金利貸出の場合、貸出金利が2％の貸出であれば、完済されるまでの長期にわたって、毎年2％の利息収入を得られる。

有価証券運用もそうである。主力の運用対象である10年物国債は満期償還を迎えるまで、予め定められた年利率に見合う利子を銀行にもたらす。このように積み上げた巨額の資産残高から生み出されるストック収益こそ銀行の収益基盤にほかならない。

それに比べると、銀行員が日々、フローベースで積み上げる新規貸出の規模は比較にならないほどに小さく、そこから生まれるフロー収益も限られている。

したがって、貸出の伸び悩みというフローベースの不振が続いても、ストックベースである収益基盤の打撃が表面化するまでにはタイムラグが生ずる。もちろん、既存の貸出はいずれ完済される。そのままに放置しておくと、貸出残高は減少しかねない。そこで、完済された貸出を再度、実行する「折り返し」の貸出や新規貸出の実行による残高積み上げ努力が求められる。

しかし、短期的に見る限り、銀行経営者が「資金需要が乏しく、貸出は伸び悩んでいる」と深刻な表情で語るほどには、それによる収益上のダメージは大きくない。ましてや、過去を振り返ると、不況期に貸出は伸び悩んでも景気の復調に伴って資金需要は回復し、貸出難は自然と解決するパターンが繰り返されていた。

資金需要が回復したとたんに、ビジネスモデルの転換という危機意識は希薄化して、需要の取りこぼしが生じないように既存モデルをフル稼働させる。結果として、「変革」は一時的な意欲にとどまるという状況が繰り返されてきた。

しかし、そのような循環すら、変わってきていた。谷を越えて山に向かっても、その山は以前の山ほど高くはないし、近年は、循環すら乏しくなり、だらだらと資金需要が衰えるトレンドになっている。長期の下落相場を描く株価のチャートのような推移である。

かくして、大きなレンジでみていくと、経営環境と銀行のビジネスモデルの間に生じたちょっとした乖離はいつの間にか、大きな溝へと変わった。

潜在成長率は低下し、物価が上がらない社会

その変化の背景にあるのは日本経済の成長ステージの移行である。高度経済成長はとうに終焉して、成熟経済に移行してしまっているからだ。

１９６０年代に象徴される高度経済成長の時代には、勤労者所得が伸び続けて、巨大な「サラリーマン社会」が築かれた。年功序列と終身雇用を柱にして、サラリーマンたちは働き続けた。社宅住まいから念願のマイホームへ、そして、三種の神器と言われた電化製品を揃えて、「自分もみんなと同じ」ことに満足感を得た時代である。自らを中流階層と認識する「一億中流社会」ができあがった。

勤労者は中流階層を象徴する生活の条件を求めて、「誰にもマネできない生活」を送るよりも「みんなと同じ生活」を追求した。その反射効果として、消費市場では独自性よりも一般性が好まれた。生産現場では多品種の少量生産ではなく、特定商品の大量生産の歯車が回り続けた。

均一的な需要に応えるには、供給サイドは均一な商品・サービスを提供するということである。郊外の街には似たような一戸建て住宅が並び、室内にはテレビ、洗濯機、冷蔵庫、

さらに次の時代にはエアコンなどというように、隣の家と同じ家電製品が揃えられた。服装も例外ではない。企業で働く勤労者の男性は、それが制服のように、同じ目立たない色合いで同じスタイルの背広（当時、スーツとは言わなかった）を身にまとい、女性も類似した装いでいた。

出生率は高く、人口は増え続けた。いわゆる人口ボーナス効果が働いて、税収は増えて国の財政状況は安定していた。ぶ厚い生産人口が全人口の岩盤となって、社会保障制度も余裕を保てた。高い潜在成長率であるがゆえに、ときにはインフレが高じて物価高に国民が悩まされることはあったし、公害問題のような深刻な社会問題を引き起こしながらも、多くの社会的な矛盾は高い成長率にまぶされて一般国民にはみえにくいものになっていた。良くも悪しくも、高度経済成長期とはこのようなものだったと言える。

一方、いま、そのさなかにある成熟経済はどうか。勤労者所得は伸び悩んでいる。「中流社会は崩壊した」と言われるように、社会的な格差が広がった。そうしたなかで、国民は「みんなと同じ生活」よりも、「自分ならではの生活」を求めたり、「自分に見合った生活」しか送れなかったりする人たちが増え続けている。

それは消費市場にも反映している。消費者のニーズは多様化して、均一的な商品、サービスは求められない。高価な商品から、「価格破壊」という言葉にも当てはまらない廉価商品まで売り出されている。

潜在成長率は低下し、物価はなかなか上がらない。出生率は著しく低い状態が続いて、少子高齢化が進み、生産人口は減り続けている。人口ボーナスに代わって人口オーナスというマイナス効果が生まれ、長寿化の進展と相まって、税収の伸び悩み、社会保障費の膨張が続く。財政は深刻なほどの悪化を来している。

要するに、この半世紀で世の中は激変している。そこに激しい為替相場の変動まで重なって、産業界では構造調整と呼ばれる深刻な事態も起きた。構造調整によって、企業の新陳代謝も広がった。過去の時代のモデルにしがみついた企業は淘汰されて、新たな企業が生まれたし、淘汰されなかった企業ではマーケット、社会のニーズの変化に合わせて、商品・サービスを大きく変えたり、ビジネスモデルを転換したりした。もちろん、生き残りのためにである。

そうしたなかで、銀行などの金融業界は埒外のように構えていた。免許業種として特別な存在であるという意識があるせいかもしれないが、「大きな構造変化に適合してモデル変革していただきたい」と取引先企業にはアドバイスしても、それを自身の身の上にシリアスにおきかえることはしなかった。

銀行が踏襲してきた経営、ビジネスのモデルについて、そのエッセンスと言える特徴を羅列してみる。

象徴的なこととして真っ先に挙げられるのは、規模の拡大をむやみに競い合う「エコノミー・オブ・スケール」の経営発想である。それに基づいて、営業ノルマに基づく短期的な成果主義を組織に埋め込んでいる。続いて、そのための効率的な運営のために官僚組織的な上意下達方式が根付いていて、周密な人事評価体系が構築されている。

その一つとして、3年ほどのサイクルで行われる定期的な人事異動・配置換えが続いてきた。この仕組みは銀行員が一歩ずつ階段を上るようなキャリア・パスと結びつけてゼネラリスト型の養成が続いた。

このような仕組みを円滑に動かすためにも、前例踏襲型のマニュアル主義が隅々にまで貫かれてきたのが銀行業界である。

産業界に円滑に資金供給する国家の歯車だった

このような要素で構成されるモデルは、いつ、生まれて盤石化したのか。そこで、歴史を遡ってみたい。

第二次大戦後、わが国は焼け野原からの復興に立ち上がった。復興経済政策の始動であり、その成果は目覚ましく、わが国は復興期から高度経済成長期へとステージを切り上げていった。その移行局面は1950年代後半から始まって、1960年代は高度経済成長をまっしぐらに突き進んだ。

その移行期を象徴するのが岩戸景気である。1958年7月から1961年12月にかけての3年間ほど続いた景気拡大局面のなかで、わが国は高度成長期へのテイクオフを実現した。そのタイミングに先立って、政府は1956年の『経済白書』のなかで次のような一節を盛り込んだ。

「もはや戦後ではない」

復興期は終わって、次のステージがすぐそばに待ち構えているという高揚感が満ち溢れる表現と言っていい。

とにかく、1960年代は高揚感に溢れた局面だったにちがいない。国際的にみても、わが国は大きな節目を迎えた。1964年4月、為替制限の解除などの対象国であるIMFの8条国という立場を確保し、OECDにも正式に加盟した。これらはわが国が先進国的なポジションを確保したことを意味していた。

1964年10月には東京オリンピックが開催され、それに合わせて東海道新幹線が開業している。飛躍のときだった。

部門別資金過不足

（単位：億円）

	昭和35年	昭和36年	昭和37年	昭和38年	昭和39年
民間部門	△　1,948	△　6,416	597	△　1,565	2,808
（法人企業）	(△　15,724)	(△　23,308)	(△　18,474)	(△　20,512)	(△　23,967)
（個人）	(　13,776)	(　16,892)	(　19,071)	(　18,947)	(　26,775)
公共部門	709	1,509	△　2,324	△　3,334	△　6,631
（中央政府）	(　2,314)	(　4,660)	(　3,123)	(　2,736)	(　946)
（公社公団・地方公共団体）	(△　1,605)	(△　3,151)	(△　5,447)	(△　6,070)	(△　7,577)
海外部門	△　516	3,537	175	2,805	1,728

（注）△は資金不足を示す。
（出所）日本銀行調査統計局『資金循環勘定応用表』昭和29年～昭和39年（暦年・年度）、昭和59年

それをもたらしたのが高度経済成長である。１ドル３６０円という固定為替相場の下で輸出が伸び続けるとともに、国内では、勤労者の所得も増え続けて、個人消費が爆発的に伸び続けた。生産・所得・消費という好循環のサイクルがフル回転で回り続けて、高い経済成長が作り上げられた。

製造業などはフル回転だった。生産拡大のプレッシャーを受けて、産業界では工場の新設・増設など巨大な設備投資に拍車がかかった。しかし、産業界の財務基盤は盤石とはいえず、恒常的な資金不足に陥っていたため、設備投資には外部資金の導入が欠かせなかった。

その実情は「資金循環統計」に如実に表れている。１９６０年代において、法人企業部

門は表にあるようにつねに巨額の資金不足に陥っていた。一方、資金余剰部門は個人、つまり、家計部門である。

そこで、銀行が個人部門の余剰資金を法人企業部門へと仲介する役割を担った。これは、復興経済期の傾斜金融と呼ばれる仕組みと変わらなかった。銀行は資金仲介の歯車として、いかに円滑に機能するかということだけを求められた。そのため、銀行には自由な裁量の余地は限られた。上場企業であっても、銀行の株価はほとんど動かない管理相場に置かれた。

復興経済期は、ある意味で典型的な管理経済体制だったが、そこから移行した高度経済局面でも金融制度にその骨組みは踏襲されていた。要するに、民間企業ではありながら、とにかく、産業界に円滑に資金供給する国家の歯車としての機能を負わされたと言える。

金融分野の自由化などはありえず、厳しい規制の下に銀行は置かれた。全国一律の預金金利体系の下で、銀行は設備資金を渇望する産業界に資金供給すべく、全国の家計から余剰資金を集めまわる仕事に駆られ続けた。なかでも、長期資金の吸収が重要であり、定期預金、あるいは積立預金には厳しいノルマが銀行の営業現場に課された。

かくして、銀行の従来モデルの骨格は、高度経済成長の真ったただ中と言える１９６０年代に骨組みが出来上がり、銀行経営の主柱となった。もちろん、同モデルの枝葉といえる部分では、ときとして修正が加えられたものの、基本構造は踏襲され続けた。この1960年代型モデルこそ、今の銀行モデルの原型にほかならない。

銀行の営業マンは「ただひたすら預金を集める日々」

そこで、その当時の銀行の状況を描いてみる。

とにかく、産業界は設備投資に迫られ続けていた。資金需要は限りなく発生しており、銀行がそれに対して十分に応ずることができるかどうかは、預金をいかに大量に獲得するかにかかっていた。

銀行員たちは、来る日も来る日も、家々を回り、預金集めに奔走した。中小企業を訪れても、それは融資の提案ではなく、預金獲得が目的だった。とにかく、預金さえ集めれば、大手企業に貸出先はいくらでもあったからである。

1960年代に盤石化したこの営業スタイルは1970年代になっても変わらなかった。産業界の資金需要の動きには景況による山・谷はあったものの、マクロベースでみる限り、資金不足は続いていて、資金需要が絶ち消えることはなかったからだ。

この時期において、銀行は花形の職場のようにみられていた。銀行員は勤労エリートの代名詞のようになっていて、大学生の就職人気も高かった。

「支店長は床の間を背負って座る」

このような言葉が現実感をもって語られた。銀行の支店長ともなれば、取引先企業の接待を受けるケースが多くて、その際にはつねに最上客の扱いを受けたという話である。当時の企業経営者が抱いた心境も浮かび上がってくる。実際、東京下町で事業を営む中堅企業の3代目のオーナー社長はこう話す。

「いまでもメインバンクは大切にしていますが、父親の代はそれどころではなかった。支店長の機嫌を損ねたら、借入が必要になっても承諾してもらえないということを恐れていた。そうなれば、会社の存亡にもかかわってくる。文字通り、支店長の機嫌取りは重要だったそうです」

一方、その当時、有名大学を卒業して、今のメガバンクの母体になった大手銀行の一角に就職した元銀行員は当時の日々について苦笑いを浮かべながら、こう話している。

「エリートたちの職場というイメージを抱いて入社したものの、初任の支店に配属された日から異次元の世界に入った感じだった。私は東京の下町の支店に配属になりましたが、とにかく、ノルマに追われる汗だくの日々でした。融資ですか？　そんな仕事はまったくなく、ただひたすら預金を集める日々を送っていました」

融資の話は、外回りの担当者などには無関係で、企業のほうから持ち込まれたし、その取り扱いも担当者レベルには無関係だった。ひたすら、ノルマ達成に向けて預金を集めることだけを命じられていた。

預金のノルマは、本部のエリート社員たちが企業の設備投資計画の内容などの情報から積み上げた銀行全体の貸出計画に基づいていた。その計画額の達成はいかに預金を集められるかにかかっている。したがって。貸出計画額に基づいて預金獲得の目標額を支店ごとに割り振って、さらに支店では与えられた目標額を担当者ごとに細分化してノルマとして課していく。

3年やれば人事異動する仕組み

本部命令は絶対命令だったと言っていいが、その一方で預金獲得の営業には特段のスキルなどはない。なにしろ、預金金利はライバル銀行でも変わらない全国一律の規制金利体系の時代である。あとは、家々を訪問して、そこの住人に好感を持たれたり、同情してもらったりという人情・浪花節で訴えて、「ボーナスの支給日は何日だから、その日においで」などと言ってもらえれば「やったあ！」となった。

しかし、このような川下戦略の一方では、別の職場の銀行員は企業の社員通用口に毎朝立って、出社する社員一人一人に「何日に支給されるボーナスを当銀行の定期預金に」と頭を下げながら、貯金箱などのアメニティを配り続ける川上作戦を繰り広げていた。

先の人物はこう思い出話を続けた。

「とんでもないノルマの世界であり、今日の目標分を達成するまでは店に戻ってくるなという威圧を上司から受けていました。とくにひどかったのがボーナスシーズンです。どこまで定期預金を獲得できるのか、店の中はピリピリしていました」

一般にボーナスシーズンは勤労者が待ち遠しいものだが、「ボーナスシーズンが近づくと、営業現場の銀行員は憂鬱になったものです」と苦笑交じりで説明する。

憂鬱さの理由の一つには、努力が報われず、単月のノルマが達成できないときのペナルティーがあった。これは銀行が定めたものではなく、目標達成に向けた営業現場で独特の方式で編み出されていた。

この人物が働いた店では夜になると課長が目標達成できなかった担当者たちを自分の机の前に立たせて叱り飛ばした挙句に、課長が編み出した罰則の履行を命じた。

「当時、私の銀行は各支店で社訓を壁に高々と掲げていました。たとえば、『誠心誠意、仕事に務める』などといった言葉が何条にもわたって並んでいました。それを原稿用紙に

３００回、清書して翌朝には課長に提出する。清書だから丁寧に書かなければならず、これは自宅に帰ってからの徹夜仕事になりました。根性をつけるというような意味合いだったと思いますが、社訓に記された立派な内容と、実際に自分がやっていることのギャップの激しさを実感しながら、仕方なく書き続けたことを記憶しています」

一方、同一顧客と長く接し続けていると、癒着のような事態もおきかねない。また、銀行は現金商売というか、キャッシュの授受を伴う商売であり、おカネに関わる不正が起きる懸念もある。そこで、３年もすれば人事異動となる仕組みが徹底された。

これによって、銀行員は典型的な転勤族となったが、提供する商品群が限定的であり、主な業務は創意工夫よりも、同じ努力の繰り返しが求められる預金集めである。同じ支店で３年間もその仕事を繰り返していくと、もはや、新鮮さは失われる。３年サイクルの異動は「働く場所や上司が変わるという点で新鮮さが伴っていた」と言う。

これが１９６０年代に盤石化した銀行の仕組みであり、高度経済成長が末期に近づく１９７０年代も踏襲された。だが、１９７０年代はわが国の経済にとって、大きな節目のタイミングでもあった。１９６０年代に先進国の仲間入りを果たし、その後も経済力を高めたわが国に対して、海外からの逆風が吹き荒れるようになったからである。いわゆる、外圧である。

金融自由化と産業界の資金余剰で土台が揺らぐ

真っ先に外圧のターゲットになったのは輸出産業だった。経済力に見合わない円安水準が不公平とみられ、円相場の是正が要求されて円相場は実質的な切り上げが続いた。円高の時代の到来である。

これはわが国の輸出企業には交易条件の悪化につながったが、それでも外圧は収まらなかった。次には欧米先進国が突き付けてきたのは総量ベースの輸入制限措置である。これを受けて、以後、産業界は構造調整的な色合いが強まると同時に、そうした逆風を交わすためにも、生産拠点を欧米諸国に移転する動きが活発化した。

こうした産業界に対する一連の外圧がようやく弱まってきたタイミングで、それに代わって外圧が激化したのが金融分野だった。銀行業界は規制業種として、様々な規制に縛られていると同時に、規制によって保護されてもいた。

預金金利や貸出金利は規制金利体系のなかにあって、貸出金利の水準が預金金利の水準を一定幅で上回り、銀行は利ザヤを確保できる状況にあった。しかも、外資の参入規制も高いハードルとして存在していた。

利ザヤの確保は邦銀が収益力の高さを維持する源泉にもなり、大手邦銀のプレゼンスは欧米市場でも高まってきていた。

1970年代末ごろになると、そのような銀行業界、あるいは銀行行政のあり方が国際競争上、公正ではないという批判が欧米先進国から沸き起こった。これは、わが国に金融自由化を求める激しい外圧に発展した。

わが国はこの要求を受け入れざるを得ず、段階的な自由化に踏み切っていった。その最大の焦点となった預金金利の自由化は1979年から始まり、その後、徐々に対象を広げて、1993年には定期預金金利が、続いて1994年には普通預金など流動性預金金利が自由化された。あしかけ15年間をかけて、預金金利の自由化は完成した。

つまり、1970年代末から1990年代は、経営環境的に銀行ビジネスの根底部分が覆された局面だったと言ってもまちがいない。しかも、この時期にはもう一つ、地殻変動とも言っていい事態が起きていた。法人企業部門の財務体質の変化である。それは『資金循環統計』でみると明らかである。

前述したように、マクロ統計上で1960年代を貫いたのは法人企業部門の極端な資金不足である。この資金不足という状況はその後、1970年代から1980年代になっても同様だったが、資金不足の規模は次第に減少トレンドに入っていった。そして、

1990年代に入ると、事態は一変する。法人企業部門の資金不足額が大きく減少しただけではとどまらず、1994年には資金余剰に転じて、その後不足に戻ったものの、1998年以降は一貫して資金余剰に変わった。

高度経済成長は、輸出と国内消費の拡大に支えられた産業界による増産→勤労者所得の大幅な改善→国内消費の拡大というメカニズムが人口ボーナスを伴って循環したことで実現していた。そのなかで、産業界の恒常的な資金不足が旺盛な資金需要になっていた。ところが、このメカニズムの屋台骨が1980年代からぐらつき始めて、ついに崩れたことを物語る現象にほかならない。

金融自由化と並んで、銀行には経営モデルの土台を揺るがすほどの構造変化が起きたのだった。

預金獲得から融資、ローンの獲得へ

一定の利ザヤが政策的に保証される規制金利体系に終止符が打たれたことも加わって、この局面において、「預金を集めれば儲かる」という牧歌的な時代が終わった。この当時を振り返って、ある銀行役員経験者はこう語る。

「大変な出来事だった。金融自由化時代の銀行経営を学ぶために米銀視察がさかんに行われた。それまで銀行経営の基本的発想は『預金の極大化が収益の極大化』というものだったが、一挙にこの言葉は死語と化した。代わって、『量から質への転換』という言葉が叫ばれるようになった」

この場合、量に変わる質とは、利ザヤの問題である。一定の利ザヤ確保が約束された環境が金融自由化によって消えたこともあって、利ザヤが得られる融資戦略を迫られるようになったのが「質への転換」にほかならない。

これはリテール金融部門に激変をもたらした。個人・中小零細企業マーケットでは、預金獲得から融資、ローンの獲得へと役割がガラリと変わった。金利自由化によって利ザヤが狭まった大企業取引に代わって、貸出金利の高さから良好な利ザヤが得られる個人・中小零細企業向けローンに銀行が活路を見出したからだ。

収益計画は6カ月単位の半期ごとに策定される。期初に全国の支店長たちを集めてその内容と営業成果の評価体系を説明するのが全国支店長会議である。

支店長たちには膨大な資料が配布されて、本部の役員が担当分野ごとに説明し、営業目標の達成に向けた檄を飛ばす。

評価項目ごとに目標額の達成度合いに応じて評価付けされ、優秀な評点を得た支店は業績表彰される。総合点で優れていると総合表彰が、重点部門で優れていれば部門表彰が与えられる。それによって、支店、つまり、支店長の評価も決定づけられる。リテール部門の資料にある重点項目は預金から融資へと移った。

ちなみに、全国支店長会議で配布される一連の資料は、年々、膨大化した。それは銀行業務が多様化、複雑化した一方で、管理手法は変わらなかったことを如実に反映していた。

支店長会議資料に盛り込まれた方針に基づいて、その半期にいかに支店経営のカジ取りをしていくのかが支店長の腕の見せ所であることは今も変わらない。

「もちろん、総合表彰を狙えればいいが、それが可能かどうかを最も知っているのが支店長であり、無理と分かれば、今期、総合表彰は狙わずに部門表彰を狙っていく」

かつて、支店長を務めた経験がある元銀行員は「表彰が店の評価、さらには自分の人事評価につながる以上、なんらかの成果を上げることを狙った。これは支店長ならば誰でもそう考えた」と言う。同様に、表彰制度と評点の配分などの評価制度の策定は本部セクションでも腕の見せ所である。

しかし、いかに腕の見せ所だとはいえ、それは過去の延長線上の発想にすぎず、自分たちの企業が将来的にいかに生きていくのかをさし示すものではない。たんに目先的な勝利の方程式だからだ。

高度経済成長期は本部が産業界の設備投資計画を調査・分析して、そこから生ずる資金需要のボリュームを算出し、それに見合う預金獲得額を割り出して支店への目標額を設定していた。預金から融資へと中核的な目標項目が変わったにもかかわらず、本部が右肩上がりの計画を成立させるための必要総額を算出して、それを支店に割り振るという仕組みは変わらなかった。

かつてはそれでもかまわなかったとも言える。基幹産業の動きは本部の調査部門などが十分に調査できる対象だったし、旺盛な資金需要に応えるために必要な預金獲得量は途方もなかったものの、その一方では、営業現場がいかに「預金をください」と願っても、訪問先では余裕がなければ預金はできなかったからだ。

しかし、融資は違う。相手は「余裕がないからこそ、カネを借りる」からだ。そこで、銀行業界には「資金需要の創造」という言葉が生まれ、融資市場の開拓に奔走するようになる。

不動産バブル、住専問題、金融危機

また、従来、事務手続きなどの手間が煩雑であることで避けてきた住宅ローンを主力商品化していったのが１９８０年代である。それ以前には、銀行は独自の住宅ローンは滅多に実行せず、大衆の需要は住宅金融公庫か、自分たちが共同で出資して設立した住宅ローン専門会社に斡旋していた。

しかし、次第に住宅ローンの収益性に魅力が高まると同時に、コンピュータの導入によって煩雑な事務を自動化できるようになった。そこで、一挙に銀行業界は住宅ローンビジネスに進行していった。

ちなみに、この銀行業界の動きでしわ寄せを食らったのが住宅ローン専門各社である。次第に本業である住宅ローン市場から締め出された各社は不動産担保ローンビジネスに傾斜していった。揚げ句の果てに、１９８０年代後半には不動産バブル融資を膨張させてバブル崩壊とともに不良債権の山を築いて、１９９５年の住専国会を経て各社が経営破綻して消えた。

この住専問題を契機にして急速に深刻化していったのが１９９０年代の金融危機にほかならない。金融危機は１９８０年代に生じたバブル経済の反動である。そして、日本が成熟経済への移行という過程にあったにもかかわらず、日本全体で旧式の高度成長モデルを吹かし続けて膨張させたのがバブル経済だった。

そのなかで、銀行はビジネスモデルを転換せず、高度経済成長期と変わらない発想のまま、１９６０年代型モデルのアクセルを踏み続けた。

かりに１９９０年代に安定的な経営環境が続けば、質的な転換への議論が深まって、銀行業界は歴史的なビジネスモデル改革の局面を築けたかもしれない。しかし、現実はそうではなかった。

１９８０年代の後半からのバブル経済と、その後のバブル崩壊、そして、金融危機という異常な局面が20年超にわたって続いたなかで、銀行業界はバブル経済で節度と常識を失い、それに続く、バブル崩壊と金融危機で信頼と資本を失ってしまった。有頂天と余裕の喪失は何も生み出さなかった。

銀行業界の時計が止まった15年

「最も安定的で決して潰れることはない」という銀行不倒神話も崩れて、銀行はその日を生き抜くための経営に埋没せざるを得なかった。金融危機が去った後に、いかなる経営環境がやってくるのかという長期的なビジョンも、それに見合ったビジネスモデルの構築も考える余裕はなかった。

一方、ある有力官僚は当時について、こう振り返る。

「1980年代後半から1990年代にかけて、旧大蔵省では銀行制度の基盤となっている経済状況が大きく変わったことを踏まえて、銀行などの金融制度の抜本的な改革を行う考えを固めていた。その一つが銀行、証券、保険などの縦割り体制から相互参入できる体制への制度議論だ。これによって、金融再編を進めることを考えた。だが、それは理想とは程遠い着地にならざるを得なかった。各金融業態が既得権益の確保に走ったからだった」

銀行業界のメシのタネである企業の資金需要が後退している以上、企業が激しい資金不足にあった局面の金融制度、つまり、資金供給体制をそのままにすれば、過剰供給という事態が誘発される。過剰な貸出競争になっていくという危惧まで当時の金融行政当局が抱いていたかどうかは分からないが、懸念は現実化して、さらにいえば、最後は有力官僚の思い出話に出た「抜本的な制度改革」に近い顛末を迎えた。

バブル崩壊・金融危機の過程において、大手銀行まで含めて複数の銀行が経営破綻して消えたからである。なかでも、復興経済から高度経済成長局面まで産業界の資金供給のための主力エンジンのようになっていた長期信用銀行は3銀行のうち、2銀行が経営破綻して、残りの1銀行も経営統合によって消えていった。もちろん、その背景にあったのは過剰供給、過剰な貸出競争の負の遺産、不良債権にほかならなかった。

つまり、金融危機における銀行倒産劇は、制度改革では実現しなかった金融改編を、マーケットによる冷酷で暴力的な選別が果たしたという見方ができないわけではない。時期を逸した改革は最終的に、このような制御不能の果ての結果を招くということは、いまこそ顧みられてよい1990年代の教訓である。

もっとも、金融危機を生き残れた銀行も多大なダメージを負って、長期的なビジョンを描くような余裕などなくなった。その日を生きるためには、明らかに旧式化していたビジネスモデルをフル回転させて少しでも多くの利益を生むしかなかった。

その利益とは不良債権処理の原資であり、危機局面の後半戦には国が一斉に注入した公的資金の返済原資でもあった。この状況は大手銀行などが公的資金を完済するまで続いたと言ってもまちがいではない。

公的資金を返済しないと、銀行には実質的な公的管理下に置かれるリスクがあり、さらにいえば、公的資金返済の遅れは信用の棄損につながりかねなかった。3メガバンクグループが相次いで公的資金を完済したのは2006年である。それまでの歳月は「将来ビジョンを描けない」という意味では、銀行業界には時計が止まったような20年超だったにちがいない。

「日本版ビッグバン」とは何だったのか

この不幸さは、ほぼ同時期に始まった金融・資本市場改革にも当てはまる。金融・資本市場にとっても、1970年代から1990年代は戦後最大とも言える構造変化の局面だった。いうまでもなく、金融自由化が始まり、資本市場改革も動き出したからである。その象徴的な出来事が金融・資本市場改革の集大成と言える「日本版ビッグバン」にほかならない。

当時、「日本版ビッグバン」は大きな話題になった。しかし、いま、「日本版ビッグバン」と言っても馬耳東風の人たちも少なくないだろう。なにしろ、「日本版ビッグバン」は20年超の以前の出来事である。この金融・資本市場改革は1996年から始まり、2000年初頭までに完遂された。金融業界に身を置く人たちでも40歳前半以下の年代のほとんどは、この改革後に入社している。

その前の世代でも記憶に残っているのは「日本版ビッグバン」よりも、その直後に始まった金融危機にちがいない。「日本版ビッグバン」とは何だったのか。いま、記憶を鮮明に蘇らせることができる人はそれほど多くないかもしれない。

この改革のモデルとなったのは英国の金融改革「ビッグバン」だった。「鉄の宰相」と呼ばれたマーガレット・サッチャー首相の下で1986年に断行された「ビッグバン」は、地盤沈下が続く英国金融市場の国際金融市場としての再生を目指したものである。

そのエッセンスは大胆な規制緩和であり、シティの愛称で呼ばれた英国の金融市場は見事に蘇ったものの、その代償として米国などの金融資本がシティのメインプレーヤーとして躍り出る結末を産んだ。以後、シティのあり様は、ウィンブルドンを競技場とする全英テニスで外国人選手が活躍する状況にかこつけて、ウィンブルドン化と言われるようになった。

「日本版ビッグバン」は、その元祖である英国の改革から10年後に始動した。ほぼ半年の議論を経て、1997年6月13日、旧大蔵省（現在の財務省）は「金融システム改革のプラン」をまとめて公表した。これは改革項目ごとに実現へのタイムスケジュールを盛り込んだものであり、その冒頭部分にある「金融システム改革の必要性」にはこう記している。

「わが国経済が、21世紀の高齢化社会においても活力を保っていくためには、わが国の経済社会システムを構造的に変革することが必要であり、経済の動脈ともいうべき金融システムについても、21世紀のわが国経済を支える優れたものへと変革することが不可欠である。

一方、グローバリゼーション、情報・通信の技術革新が進展し、欧米金融市場においては新たな金融商品の登場、さらには、１９９９年には新通貨ユーロの出現といった大きな変化がみられる中、わが国金融市場の空洞化を防ぐためにも、市場機能を活性化させることが急務である。また、これにより、通貨としての円の地位の向上が図られることにもなる。

このためには、１２００兆円にものぼる個人金融資産が有利に運用され、次世代を担う成長産業への資金供給が円滑に行われ、また、海外との間でも活発な資金フローが出現するよう、市場の透明性・信頼性を確保しつつ、大胆な規制の撤廃・緩和をはじめとする金融市場の改革を行うことにより、マーケットメカニズムが最大限活用され、資源の最適配分が実現される金融システムを構築することが喫緊の課題である」

ここからは同改革の狙いが読み取れる。すでに、国内外で構造的な変化が起きている。まず、①の「高齢化社会の到来」は紛れもなく、わが国が高度経済成長から成熟経済への成長ステージの移行を意味している。そして、②は国際的な金融市場の構造的な変化であり、③は、それに見合う金融メカニズムの創設である。それによって、来るべき21世紀という新たな時代に相応しい金融市場、あるいは金融ビジネスの土台を作り上げる。

その狙いを実現するためにも、同プランは「利用者の立場に立った改革という観点」を強調し、具体的には、投資家・資金調達者の選択肢の拡大、仲介者サービスの質の向上及び競争の促進、利用しやすい市場の整備、信頼できる公正・透明な取引の枠組み・ルールの整備という4項目を列記した。

それらをわかりやすく表現するためにも「フリー」「フェア」「グローバル」というキーワードが打ち出された。フリーは、「市場原理が働く自由な市場」、フェアは「透明で信頼できる市場」、そして、グローバルは「国際的に時代を先取りする市場」を意味している。ビッグバンというタイトルや三つのキーワードが英語で表現されたのは、当時のわが国の事情を反映したものと言える。その直前のタイミングにおいて、わが国は金融自由化を欧米から迫られて実現していた。

それは受動的な展開だったが、自由化を実現した以上、いつまでも「いやいやながらやらされた」というイメージを引きずり続けることは好ましくない。そのイメージを払拭するために、わが国が英国のように、金融改革に向けて積極的に乗り出したことを海外に発信する必要があり、あえて英語の表現が用いられたという側面があった。

一方、紹介した「金融システム改革の必要性」を読むと、誰でも気がつくにちがいない。それは、現在の論調と何ら違いがないということである。20年以上も以前といまと問題意識が全く変わっていないほど実態も変わっていないということになる。

アジアの金融市場は成長し、東京市場が劣勢に

日本版ビッグバンは１９９７年に内容が定まって、以後、２００１年までに改革項目が順次実現されて、今の金融・資本市場の骨格が築かれた。これによって改革の目的は達成されたようにも見えた。しかし、それから20年超が過ぎたいま、十分な果実が得られたのかと問われれば、残念ながら大いなる疑問が投げかけられている。

なぜ、大改革は果実を得られなかったのか。この答えをいち早く、警鐘と言う形で導き出していた論文がある。

野村総合研究所が「日本版ビッグバン」が始動する以前の段階で調査刊行物『財界観測』（１９９４年10月号）に掲載した「証券市場の競争力――空洞化論への視座――」と題するレポートである。

当時、わが国では国内の資本取引が海外市場に流出する事態が生じていた。すでに国際金融の世界では国境を超えるクロスボーダー取引が活発化して、魅力ある市場へとマネーが向かうようになっていて、その動きはわが国にも着実に波及し始めていた。残念ながら、それは海外のマネーがわが国のマーケットに向かってくるのではなく国内マネーが海外市

場に流れ出る現象として現れていた。

これに似た動きはすでに産業界で起きていた。「産業の空洞化」と呼ばれた、製造業による国内製造拠点の海外移転である。この背景にあったのは円高・ドル安の急激な進展による交易条件の悪化だった。そこで、自動車産業など主力産業は相次いで、輸出先である欧米諸国に生産基地を移転させて、為替リスクや交易条件の悪化を回避する動きに出ていた。

いまや、海外に生産拠点を置くことは常識的になっているものの、当時は「産業の空洞化」という言葉で危機感をもって語られていた。それと同様の危機意識が金融分野でも生じ始めていて、「資本市場の空洞化」「金融の空洞化」などと言われ始めていた。

しかし、そのような空洞化論に内在する危うさをいち早く指摘したのが、野村総合研究所のレポートだった。すなわち、同レポートは、「空洞化というよりも、国際化の後退である」と指摘し、日本市場の将来に警鐘を鳴らした。同レポートは最後にこう結んでいる。

「日本の経常黒字が続き、またアジアの諸国が同じ時差におけるロンドンのような競争相手に成長するまでの間に、根本的な意識転換ができるかどうかが、21世紀に向けた日本市場の競争力の在り方を決定していくことになるだろう」

まさに正鵠を射た指摘だったことは、その後、この懸念が現実化していることで分かるだろう。その後、シンガポールなどアジアの金融市場は有数な国際市場として成長し、いまはむしろ、東京市場が劣勢に立たされつつある。

「仏作って、魂入れず」に終わってしまった

同レポートの2年後に始まった日本版ビッグバンも後年の評価は必ずしも高くはない。その理由を探っていくと、同改革のタイミングの悪さに行きつく。同改革の断行は日本経済のバブル化と、その後の崩壊と軌を一にしてしまったからだ。

深刻な金融危機に突入したわが国では金融危機を封じ込めるために、一時的にも株式市場の公的介入などが必要となり、改革が掲げた市場機能の尊重とは逆行せざるをえなかった。すべてを市場機能にゆだねたら、危機は解消どころか、拡散の一途をたどるという恐怖が政治と行政に強まったからだ。

だが、そのような事情があったことを踏まえても、日本版ビッグバンで数多い改革メニューを順次実現しておきながら、なぜ、金融市場、あるいはその担い手である銀行業、証券業の進化を果たせなかっただろうか。そんな思いに駆られて、久しぶりに読み返した1994年の野村総合研究所による調査レポートの最後の部分に記されていたのは「根本

的な意識転換」の問題だった。

制度改正などの改革メニューを仏像にたとえれば、それが輝くのは市場のメインプレーヤーたちの意識改革という魂がきちんとそこに込められてこそだ。日本版ビッグバンがその成果を得て後世に大改革として残ることがなかったのは「仏作って、魂入れず」に終わってしまったからではなかったのか。

改めて考えてみると、銀行のビジネスモデル改革にせよ、資本市場改革にせよ、最も問われているのはメンタリティーの改革のように思えてくる。銀行は、ビジネスモデルを転換する前提として、その企業体質の抜本的な転換が必要だったし、資本市場改革では市場参加者の質的な転換が求められていた。

銀行は金融自由化と経済構造の変化のなかで、特別な企業ではなくて「金融サービス」を提供するサービス産業に変わらなければならなかったし、資本市場のプレーヤーたちは官製改革に依存することなく、自らの手で市場を改革するチャレンジャーに変貌すべきだった。

ところが、岐路に立つたびに選んだのは変貌の道ではなかった。前例踏襲型を基本として、取り組んだため、それは微調整にとどまった。そして、金融危機が解消するや、銀行や資本市場を取り巻く環境の光景はさらにガラリと変わった。暗くて長いトンネルを抜けるために全力で走り続けて、ようやく、そこから抜けたら、トンネルに突入する前とはまったく異なる光景が眼前に広がっていたというのがポスト・金融危機だった。

それは成熟経済の真っただ中に立っていたからである。そのなかで、銀行や証券会社のビジネスモデルは老朽化し、資本市場のあり様も時代遅れであることが露呈した。

その後、世界は２００９年に発生したグローバル危機であるリーマンショックに揺れる。前述したように、そのなかで邦銀は欧米の有力銀行のような深い傷はなく、一時的には国際競争力を強めるような場面が到来したのだが、２０１５年前後になると、それは急速に色あせ始めてしまった。

そして、本格的なビジネスモデル改革がようやく始まる場面が訪れた。いかに見積もっても、20年以上の遅れがそこにはある。果たして、この先、いかなるステージを銀行業界は切り開いていくのだろうか。

第3章

みずほ銀行「システム大障害」・本当の病巣

なぜ総合商社は冬の時代を脱せたのか

企業の屋台骨が揺らぐような経営環境の大きな変化――。これは銀行業界だけが直面したわけではない。地殻変動的な変化に伴う構造調整の荒波はあらゆる業種に襲い掛かった。むしろ、他の業種のほうが衝撃波は大きく、かつ、そのタイミングも早かったと言える。それは業種特性も影響した。

早い時期にその波が襲い掛かったのが造船、繊維など、かつての基幹産業であり、さらに鉄鋼関連などにも及んでいった。造船不況、繊維不況、鉄冷え等々であり、業界再編や事業転換などでその過酷な事態を切り抜ける努力が重ねられた。それを達成できずに脱落する企業も後を絶たなかった。

総合商社もその例外ではない。世界の変化を予想して果敢に投資し、商圏を作り上げていく総合商社モデルには、リスクが伴っている。リスクが顕現化して、深刻な危機に瀕したりすることもあった。

1977年には大手クラスの一角を占めていた安宅産業がカナダの精油プロジェクト投資に失敗して実質的な破綻を来し、最終的に伊藤忠に救済合併された。ただし、安宅産業事件は、高度成長期の末期のオイル・ショック当時に発生した突発性の事件であって、総合商社という業種全体が病んだ話ではなかった。

ところが、1990年代から2000年初頭にかけての局面は違った。総合商社は押しなべて、慢性病的な停滞に陥ってしまった。金融危機による資金的な行き詰まりも加わって、業界全体が長期的な沈滞状況に瀕した。「商社　冬の時代」と呼ばれ、なかには「総合商社は終わった」と論ずる向きもあった。経済専門誌などは、特集仕立ての企画で総合商社の苦境ぶりを「商社危機」といった押し出しで報じ続けた。

低迷期は10年余も続き、体力的に弱い企業から再編の渦に巻き込まれて姿を消した。この局面を堪えた大手総合商社も苦戦を強いられた。結局、最後の再編劇である2003年の旧日商岩井、旧ニチメンの統合による双日の誕生によって、大手総合商社はかつての9社態勢から5社態勢へと変わった。

「冬の時代」の背景には国内外のマクロ環境の悪化が背景にあったが、それだけが苦戦の理由ではなかった。総合商社各社の間には経営規模的に相当な開きがあったものの、総じて総花的な事業展開に陥っていたからだ。もちろん、繊維、天然資源、エネルギー等々、各社が得意とする事業分野は各社にあったが、事業ポートフォリオとして全体をみると、各社が近似した構造になっていたことは否めなかった。

それだけの需要があった証と言えるが、時代の変化とともに需要動向も変わった。取引ニーズは複雑化、高度化した。また、競争も激化して、ビジネス、投資の判断を瞬時に行わなければならないようになった。その変化に適応するためには、得意分野をさらに磨き上げるしかなく、したがって、事業ポートフォリオの選択と集中が進んだ。総花的な事業展開が大幅に修正されたわけである。

総合商社が長い冬の時代を脱したのは、そのようなモデルチェンジが奏功したからだった。

PBRでみた銀行と総合商社の格差

いまや、わが国の総合商社の健在ぶりは資本市場でも高く評価されている。たとえば、米国を代表する投資家、ウォーレン・バフェット氏が総合商社への投資に動いた。成長性を予測して企業への長期投資を行う同氏が、わが国の総合商社に巨額を投じたことは大きな話題を呼んだ。

同氏が率いる投資・保険会社であるバークシャー・ハサウェイ社が20年11月にわが国総合商社5社の株式に投じた金額は60億ドル（当時の円換算で約6200億円）である。以後、

5社の株価は値上がりした。各社で水準は異なるものの、総じて株価は20年9月から21年4月のあいだに、30％前後の上昇を遂げた。

世界的なバリュー株投資のトレンドもあるが、バフェット氏による巨額投資が総合商社の市場評価をさらに高める契機になったことはまちがいない。総合商社の意気軒高ぶりはマーケットに着実に映し出されている。

総合商社を要素分割すると、投資と商圏となる。これは銀行と近似している。げんに、商社金融とも呼ばれて、総合商社には金融的な側面が大いにある。

そんな総合商社が構造的な苦境を脱することができた一方で、銀行はそれを実現できずにいる。その実情は株式市場の尺度の一つ、PBR（株価純資産倍率）に如実に表れている。

PBRは株式の時価が純資産の何倍であるかという尺度である。会計上に示された解散価値と位置付けられる純資産とその企業の時価が同一、つまり、1倍であることが標準であるという前提を置いて、1倍よりも倍率が高ければその企業は市場で高く評価され、1倍よりも低ければ低く評価されているという見方がなされる。

しかし、どうみても、実力水準からして1倍超はおかしいとなれば、その株価水準は「割高」であり、逆に1倍未満もおかしいとなれば、「割安」と判断される。

ところが、その事態が長期化した場合には評価は異なる。1倍未満という株価水準が是正されることなく長期化している状況はもはや、「割安」ではなく、純資産以外の潜在価値がマイナス評価されている結果と判断されてしまうからだ。そこで、衰退産業という評価が強まってくる。

総合商社、銀行の株価水準をPBRでみると、総合商社は1倍以上であるものの、銀行は0・5倍前後であり、地銀のなかにはさらに倍率が低いケースも少なくない。しかも、その状況が長期化している。事業のエッセンスが近似しているにもかかわらず、株式市場の評価では総合商社と銀行の間にはこれほどの格差が生じている。総合商社の株価は将来性が反映され、銀行は衰退産業化の懸念が映し出されていると言える。

大手総合商社トップが語る銀行の弱点

そこで、大手総合商社のトップに率直な疑問をぶつけたのは、いよいよ、銀行業界に苦境の色合いが増した2018年夏ごろだった。

「なぜ、総合商社は復活を遂げたのか」、そして、「なぜ、わが国の銀行はそうならないのか」という問いだが、狙いは後者の銀行を巡る質問のほうにあった。

大手総合商社のトップは、飾らない人柄そのものと言える率直な語り口で話し出した。

「そりゃ、銀行さんには同情しますね。商社には銀行のような巨大なシステム投資は必要がない。巨大システムもない。つまり、企業としては巨大であっても軽快な構造です。しかし、銀行は違う。重厚な構造であって重すぎる。したがって、なかなか変われないのでしょう」

かつて、企業のストラクチャーといえば、本社ビルだったかもしれないが、いまや、それは基幹系システムである。かつて、本社ビルの姿がその企業の姿を象徴したように、いま、中核的なシステムの構造にこそ、企業のあり方が現れていると言ってもいい。「巨大で重厚すぎるシステム構造」は、そのまま、重厚すぎて変化への対応力が鈍いという銀行の構造を映し出しているという話である。

さらに、銀行への同情論は続く。

「銀行や証券会社というビジネスモデルは欧米からの輸入です。ところが、総合商社はそうではない。日本独特のモデルと言ってもいいほど、海外には比較される対象がありません。あえていえば、1600年代の大英帝国が設立し運営していた東インド会社だけでしょう。ところが、銀行、証券会社は輸入モデルであるだけに、たえず、米国や欧州の大銀行や投資銀行とマーケットで比較されざるを得ない。あるいは、欧米的なルールのなかで独自性を発揮しにくい。これは辛くて厳しい話です」

この人物はわが国の銀行など金融セクターが変われないと断言しているわけではない。変わりにくい構造であるうえに、欧米の先進的なプレーヤーと比較され、その劣勢ぶりがつねにあらわにならざるを得ないという銀行特有の事情を指摘しているだけである。グローバルプレーヤーである総合商社のトップらしい俯瞰的な見立てでもある。

別の総合商社で海外の最前線で実績を上げた元商社マンにも同じ質問をぶつけた。総合商社で「糸へん」と呼ばれる繊維部門で活躍してきた人物である。

彼の真骨頂は中国での新たな開発事業だった。初めは上海に赴任したものの、そこではらちが明かずにどんどん中国大陸の奥地へと活動を広げていって、最終的には少数民族の集落まで行きついた。そこで半年過ごし集落のトップと関係を深めて、合弁会社を設立し、当時、わが国では高価だった衣料品を大量生産して、日本に安価で輸出することに成功した。一種の価格破壊の立役者である。

そんな、いかにも商社マンといえるこの人物に、ほとんどの銀行が踏襲しているビジネスモデルの骨格を説明した。半年の営業目標を月割りしたノルマ、その実績が反映される人事評価体系、3年ごとの定期的な異動等々である。すると、「ほう」と驚きながら、こう語り始めた。

「私が繊維部門にどっぷり浸かったように、商社はとにかく部門間の異動などはないに等しい。その分野のプロフェッショナルになることを求めているからだ。そして、我々は海外に赴任すれば、成功するまでは帰ってくるなと言われた。もちろん、そこには半年の営業ノルマなんてものは存在しない。成功しなければ、それで商社マンとしての人生は終わり、というのが暗黙の了解事項です」

銀行とは真逆な内部モデルである。同氏も「銀行は商社とはまったく違った企業なのですね」と言い切り、最後にこう言葉を結んだ。

「そんな短期的な思考の仕組みで、新たな事業の創出や既存事業の改革を成し遂げることができるのかな」

みずほ銀行による2021年の大規模システム障害

とにかく、銀行と総合商社は違っているという。果たして、その一つが、総合商社のトップが指摘したようなシステムインフラから見えてくる構造問題である。総合商社が分散系の典型のような仕様であるのに対して、銀行は重たい統合的なシステム構造で成り立っている。

したがって、開発には莫大なコストを費やさざるを得ず、そのタイミングは定期的にやってくる。確かに、巨大なシステムとそのための莫大なコストという構造は、変化への桎梏になっている面がある。同時に、システム構造は組織のあり方を象徴している。銀行は総合商社のように部門ごとの独立性は乏しい統合的な構造である。

メガバンクのなかで、誕生以来、システムインフラの問題が桎梏となってきたのが、みずほフィナンシャルグループである。三つの大手銀行を母体とするみずほグループはシステム統合に苦戦し、変化への対応力がそがれ続けていた。

同グループがようやく、この問題を解決できたのは発足から19年が経過した2019年7月である。約4500億円の開発費用を投じたみずほ銀行の新統合システム「MINORI」の稼働がそれであり、ようやく、事業刷新への大きな制約要因が解消したかに見えた。

しかし、稼働から約1年半が過ぎて、同グループは深刻な事態に直面した。みずほ銀行が2021年2月から3月まで4度にわたるシステム障害を引き起こしたからだ。

一連の事故の原因究明に向けた金融庁の検査が長期化しているさなか、2021年8月19日から20日にかけて、さらにその後もみずほグループは、システム障害を発生させてしまった。前代未聞の事態である。この一連の事故から透けて見えてきたのは、みずほフィナンシャルグループという、持ち株会社を頂点とする過剰な硬直的経営である。

ご購読ありがとうございました。今後の出版企画の参考に
致したいと存じますので、ぜひご意見をお聞かせください。

書籍名

お買い求めの動機

1　書店で見て　　2　新聞広告（紙名　　　　　　　　　　）

3　書評・新刊紹介（掲載紙名　　　　　　　　　　）

4　知人・同僚のすすめ　　5　上司、先生のすすめ　　6　その他

本書の装幀（カバー），デザインなどに関するご感想

1　洒落ていた　　2　めだっていた　　3　タイトルがよい

4　まあまあ　　5　よくない　　6　その他(　　　　　　　　　　)

本書の定価についてご意見をお聞かせください

1　高い　　2　安い　　3　手ごろ　　4　その他(　　　　　　　　　　)

本書についてご意見をお聞かせください

どんな出版をご希望ですか（著者、テーマなど）

郵便はがき

料金受取人払郵便

牛込局承認

8133

差出有効期間
2023年8月19
日まで
切手はいりません

162-8790

東京都新宿区矢来町114番地
神楽坂高橋ビル5F

株式会社ビジネス社

愛読者係 行

ご住所 〒 TEL: (　　) FAX: (　　)			
フリガナ お名前		年齢	性別 男・女
ご職業	メールアドレスまたはFAX メールまたはFAXによる新刊案内をご希望の方は、ご記入下さい。		
お買い上げ日・書店名 年　月　日　市区 町村　書店			

システム障害が初めに発生したのは2月28日だった。みずほ銀行ではATMネットワークの80％に相当する4318台が機能を停止した。不幸にも機能停止する直前にATMを操作していた利用者は、ATMに挿入したキャッシュカードや預金通帳が取り込まれて手元に取り戻せなくなった。

日曜日という事情と、みずほの事後対応の拙さが重なって、銀行員がATMに駆けつけるまでに時間を費やした。利用者たちは銀行員などが駆けつけるまで長時間にわたって、ATMに立ち尽くさざるをえなかった。利用者たちの怒りが爆発したことは言うまでもない。

システム障害の原因は、同銀行が2月27日から開始したシステム関連の作業にあった。デジタル化とその果実であるコスト削減のために、みずほグループは預金通帳レス、つまり、預金通帳のない預金口座（e‐口座）の取り扱いを1月に開始し、その切り替えに関わるデータ移行作業を計画した。その第1回目の作業を開始したのが2月27日だった。

ところが、その作業開始の2日目である翌28日、MINORI内の定期預金システムに障害が発生し、過半のATMが停止し、ネットバンキングもエラー画面となるシステム障害に発展してしまった。

ATMは3月1日には復旧したが、残念ながら、システム障害は終わらなかった。以後、

3月12日の送金障害まで、わずか2週間足らずのあいだに4度のシステム障害が頻発してしまった。あたかも、それは船底に空いた穴を塞ごうと手で押さえても、その次の瞬間には別の穴から水が噴き出し続けるという、ボロ船を舞台とした漫画のドタバタ場面のような事態である。銀行が装置産業化して久しいが、システム障害がこれほど短期に繰り返されたケースはない。

システム問題が泥沼化したリアルな事情

ましてや、その半年後、2、3月のシステム障害に関する金融庁の検査が継続しているさなかに、再び、システム障害が発生した。8月19日夜、業務チャネル統合基盤に障害が発生したことに気が付いたみずほグループは、翌20日、営業店の全行員を7時30分に集合させて顧客対応に当たったという。窓口業務の受付などができなくなったからである。

その夜、みずほグループは坂井辰史社長など経営陣が緊急記者会見に臨んだ。そこでは、バックアップシステムが機能しなかった状況などを明らかにしたが、発生原因は「分からず、調査中」という説明にとどまった。

坂井社長は「2、3月のシステム障害（の際に、事後対応がきわめて拙かった状況）の反省を生かして、今回は対応できた」と障害の再発を棚上げするかのように半年の成果を強調したが、それはまったく説得力を欠いていた。営業現場では、悲鳴にも似た混乱が起きていたからである。

その背景となる事情については後述するが、まずは、みずほグループが発足直後からシステム問題で泥沼化した経緯を振り返ってみる。

みずほグループが経営統合後、それに見合う新たなシステムの構築に遅れたのは発足当初に発生したシステム障害が発端だった。2002年4月、当初のシステム統合初日に全国のATMが停止した。みずほグループは旧第一勧業銀行、旧富士銀行という2都銀と、旧日本興業銀行による3社統合で発足したが、発足準備の段階から3銀行間の軋轢が生じた。

軋轢の原因の一つがシステム問題である。通常の2銀行統合では、基幹系システムはどちらか一方の銀行のシステムに片寄せする方式がとられている。みずほでも当初、旧第一勧銀のシステムを基盤とする方向が内定したのだが、それに旧日本興業銀行が強く反発した結果、話し合いはもつれにもつれた。結局、3銀行のすべての顔が立つ3銀行のシステムをつなぎ合わせるという、綱渡り的な当座のシステム統合に決着せざるをえなかった。

しかし、そんな建付けのシステムが安定性を欠くことは、当初から予想されていた。そして、この懸念は、システム統合の初日である２００２年４月に早くも現実化した。

それでも、どうにか、「リレー方式」と呼ばれる苦肉の形態でシステムは運営され続けていたのだが、２０１１年３月、東日本大震災のさなかに、その綻びと言える事態が再発した。同震災に関する義援金の振込が一挙に集中したことによって、システムダウンを来して、やはり、全国のＡＴＭネットワークが停止してしまった。

二度にわたる苦い失敗を経て、ようやく、開発に向かったのが本格的なシステム統合であり、その結実が２０１９年７月に稼働した新システム「ＭＩＮＯＲＩ」にほかならない。旧銀行のシステムベンダーである富士通、日本アイビーエム、日立にＮＴＴデータが加わるという未曽有の４社合同システムであり、うがった見方をすると、みずほ発足時に生じたシステム面の鍔迫り合いの果ての痛み分けのような重層的、複雑なシステム開発構造と言えた。

それでも、ＭＩＮＯＲＩは完成し、２０１９年７月にカットオーバーした。これによって、みずほはようやく、システム問題の制約から解放されて、大胆な戦略に乗り出せる態勢が整ったかに見えた。ところが、である。

カットオーバーから１年半ほどが経過した２０２１年初春、みずほグループは再び、システム障害を引き起こしてしまった。

取引先企業の状況を無視した支店長交代

異常事態が発生すると、往々にして、当該企業が抱えた構造的な問題が露呈しがちである。みずほグループも第1回のシステム障害では旧銀行同士による主導権争いのいがみ合いという実態が浮かび上がったし、第2回目では融合しきれていないなかで、組織的な動きができない実情が露呈した。

では、第3回目となった2021年2、3月、さらには8月のシステム障害を通じて何が見えてきたのか。結論を急ぐと、硬直化しすぎた組織体質である。

2月28日に発生したシステム障害のわずか2週間ほど前に、みずほフィナンシャルグループは傘下の銀行子会社であるみずほ銀行の頭取交代を発表していた。それもほぼ2カ月後の4月1日付という短兵急な人事である。

振り返ってみると、これはきわめて異例の経営判断と言わざるを得ない。なぜならば、2週間後には、膨大なデータ移行を伴うシステム変更に着手するスケジュールが固まっていたからである。

ましてや、世の中は新型コロナ感染症の蔓延で混乱し、大企業から中小・零細企業まで数多くの企業が深刻な経営的打撃を受けて苦しんでいる。資金繰りから事業再生まで含めて、銀行は取引先企業の支援が求められていた。銀行の真価が問われる局面にほかならず、銀行はすべてのエネルギーをここに集中させる必要があった。

ところが、頭取交代となれば、巨大なピラミッド構造の大手銀行では役員から幹部へ、そして、幹部から支店長へという人事異動の連鎖が起きざるを得ない。その間、銀行のエネルギーは散逸して、営業現場の動きは鈍りかねない。

これは、明らかにこの局面で求められている使命とミスマッチと言わざるを得ない。現実と乖離した経営感覚ということになる。げんに、みずほ銀行のある支店長は「顧客企業が苦悩している最中に『支店長が変わります。引き続きよろしくお願いします』という事前の挨拶周りに取引先を訪れることに大きな違和感をもったし、取引先からは『えっ⁉』という不快感を伴った驚きの反応が出ていた」と語る。

みずほグループでは、みずほ銀行の店舗統廃合を2021年4月に実施する予定であり、それも反映した支店長たちの異動は支店名の変更まで伴っていた。それも加わって取引先が困惑したのはなおさらである。

新年度入りを前に、顧客との接点である営業現場ではそんなドタバタの状況が発生しかけていた。それだけではない。タイミング的には銀行の営業現場が年間で最も繁忙となる年度末を迎えつつあった。新型コロナ問題が深刻化しているなかでの年度末である。システム部門に相当な負荷がかかる未曽有のデータ移行作業のタイミングとしては、決して適切ではなかった。

しかし、みずほグループは突き進んでしまった。頭取交代は取り消されたものの、店舗統廃合は4月から5月に変わっただけで実行された。現実感覚が著しく欠如した経営判断と言わざるを得ない事態である。

しかも、システム障害発生直後の、いわゆる事後対応にも迅速さが欠けていた。それはあたかも暴走列車が脱線事故を起こしたうえに、事故対応も適切に行えなかったというような話である。それにしても、なぜ、みずほグループはそんな事態を引き起こし、危機管理も希薄だったのか。

「特別調査委員会」が内部の病巣を赤裸々に抉り出した

結論を急ぐと、モデルチェンジの遅れへの焦りを募らせた果てに、現実感覚を失いかけた経営に行き着かざるを得ない。しかも、モデルチェンジにはコスト削減への意志がことさら強く働いていた。

みずほグループは三つのメガバンクグループのなかでも、最も国内の顧客基盤が厚い。それにもかかわらず、実力3位という立場に甘んじている。その理由の一つは経営統合直後のシステム戦略の挫折である。以後、本格的なデジタル戦略を展開しにくいシステム環境が続いた。

その事態を挽回できる条件が整ったと言えるのが「MINORI」の稼働だった。総合商社のトップが指摘した「システムの重さ」という問題が解決したわけではないものの、みずほ特有のシステム上の制約は解消した。しかし、みずほグループ内部にはシステム問題以上とも言える問題が蔓延していたようにみえる。

それを端的に指摘したのがシステム障害に関する特別調査委員会（委員長・岩村修二弁護士）の調査報告書（2021年6月15日公表）である。

みずほグループと利害関係のない外部の有識者・専門家で構成された特別調査委員会は160ページを超える報告書のなかで、「MINORIの構造、仕組み自体に欠陥があったのではなく、これを運用する人為的側面に障害発生の要因があった」とし、システム障害から見えたみずほグループの内部状況を抉り出している。

報告書に躍っているのは「想像力や感度の不足」「組織的な動きにかけていた」「柔軟性の欠如」等々、みずほグループに大企業病が蔓延していることを示す言葉があふれている。

「役職員にこのような積極的・自発的姿勢が欠ける要因としては、積極的に声を上げることでかえって責任問題となるようなリスクをとるよりも、自らの持ち場でやれることはやっていたと言える行動をとるほうが組織内の行動として合理的な選択になるという企業風土があるためではないか、と思われた」

システム障害などの事故原因を究明するために第三者による調査が行われるケースは決して珍しくない。しかし、これほどまでにその企業が内部に抱え込んでしまった病巣を抉り出した調査の言葉はない。表現を変えると、みずほグループはそれほどまでに病んでいたということになる。

金融庁による「みずほグループ」への厳しい視線

じつは、みずほグループの周辺ではそのような状況を皮膚感覚ですでに感じていた。たとえば監督官庁の金融庁がそうである。システム障害の以前から、金融庁はみずほグループに厳しい視線を投げかけ続けていた。他のメガバンクとは異なる同グループのムードに違和感を感じ取っていたからである。

ある幹部はこう話していた。

「みずほグループの人たちと議論していても、何から何まで『上と相談のうえで』で終わってしまう。相当の役職の人でもそうだ。自分で考えて判断するということができないし、そうしようともしない」

また、別の幹部も「すでに議論した内容なのだが、後日、その上司と会っても、その議論の内容をまったく知らないというケースがしばしばある。上の立場になるほど、裸の王様のようになっていて、事情も分からぬまま、判断しているのではないかと疑いたくなる」と首をひねっていた。

監督官庁が民間企業に対してあれこれと指導する時代ではない。したがって、違和感をもったとしても、金融庁がみずほグループにプレッシャーをかけたり、指導したりするということはない。しかし、金融庁が感じた違和感こそ、システム障害に関する報告書が指摘した企業風土であることはまちがいない。

総合商社のトップが指摘していた「銀行の重厚なシステムインフラ」も同様である。「重厚なシステムインフラでなかなか変われない」というのは、分散型の要素がなく、トップを頂点とする壮大な集中型ピラミッドという組織であるからこそだからだ。

ビジネスの性格上、どうしても集中型にならざるを得ないのであれば、組織の運営をことさら柔軟性に富むようにしなければならないにもかかわらず、銀行業界は「集中管理こそ理想」という伝統的な発想からなかなか抜け出せなかった。そのなかでも遅れたランナーがみずほにほかならない。

むしろ、近年のみずほグループは、持ち株会社であるみずほフィナンシャルグループによる集中管理をさらに強化するという逆の道を歩んでいたと言っていい。

調査報告書が公表された6月15日、みずほグループは坂井社長などが記者会見に臨んで、報告書の内容を踏まえた「再発防止策」を発表した。

「企業風土」に関しては「お客様・社会とともに歩む『人と組織の持続的強化』」として、人材採用から人事評価などの見直しを通じた人と組織態勢の強化」と、「組織的行動力の強化に向け、コミュニケーションの活性化等の仕組導入（カンパニー制や各社兼務態勢の実効性も強化）による行動様式の変革」を打ち出した。

坂井氏は「企業風土の問題」を繰り返し述べたが、記者たちに対する説得力は乏しかったと言わざるを得ない。なぜならば、坂井氏自身がその企業風土の問題を察知せず、むしろ、それを助長した立場にあるからである。

また、一連の対策すら本部エリートたちが営業現場の息遣いまで把握し、それに基づく甲論乙駁によって導き出したのではなく、トップの号令一下で、瞬く間に策定した気配を漂わせていた。これは「間違った方法」を諭された者がそれを是正するために従来通りの間違った方法で考えたというようなパターンである。

上目使いの従順な構成員になった本部エリート

それにしても、なぜ、みずほグループは劇的な変貌が迫られている重要な局面において、ここまで硬直化の泥沼にはまってしまっていたのか。それはみずほ発足以降の経緯が関連している。

みずほグループは当初、母体3銀行の間で激しい相剋があったことはすでに指摘した。主導権争いと言ってもいい。みずほグループに限らず、対等合併という建前を重視する日本的な経営統合には起こりやすい後遺症だ。

吸収合併のように、勝ち負けが明確ならば、どちらが合併後の主導権を握るかも明らかだが、対等という建前で統合すると、その後、隠微な主導権争いに陥りやすい。実質的には劣位な立場にある側が、自分たちは消されかねないという危機感を高めて巻き返しに動くからだ。

みずほグループは母体が2銀行ではなく、3銀行である。したがって、三者のもつれ合いは複雑怪奇な主導権争いに発展した。その舞台の一つがシステム統合だった。システムをいずれかの銀行のシステムに片寄せすることはできず、結局、母体のシステムをつなぎ合わせるという痛み分け的な綱渡り方式をとらざるをえなかった。

それだけではない。システム発注先であるシステム会社は母体銀行の主要取引先でもある。その関係も加わって、システム問題は泥仕合化した。そこには「どのシステムが最も新銀行に相応しいのか」という合理的な判断が入る余地はなかった。

そのような経緯のなかで、みずほグループでは母体銀行時代からの幹部たちが権力闘争で敗れて放逐されたり、あるいは、そのような事態に嫌気がさして自ら去ったりした。そのたびに、母体銀行時代から続いていた上司・部下の信頼関係が消えていった。

当初、人事制度は母体3銀行の旧来の3制度が並列して踏襲されていた。企業名は一つになっても、内部では三つの銀行が存在していたような事態である。

しかし、やがて、新銀行として人事制度は一本化した。あるべき姿へのステージアップと言えるが、それは副作用も伴った。旧制度上で成立していた誰が誰を評価するのかという暗黙のルール、つまり、誰の下で評価されれば、自分は次の昇格がまちがいないという、銀行員たちの近未来予想図が消え失せたからだ。これは本部エリートたちになるほど深刻な話だった。彼らは道標を失って路頭に迷ったような状態に陥った。

一方、みずほグループは２０１６年、佐藤康博前社長が主導して本部組織に米国投資銀行の経営モデルであるカンパニー制と呼ばれるガバナンス態勢を導入した。これは、傘下子会社（エンティティー）ごとの縦の統治とは別に、子会社群を横刺しにする経営管理である。カンパニー長は、部門ごとに各子会社を横断的に管理していく仕組みであり、カンパニー制の頂点は持ち株会社社長が就く。

「銀行子会社の頭取も兼任していた佐藤氏が持株会社社長に専任するにあたって、銀行子会社へのグリップを効かせるために導入した」（みずほ関係者）と言われる管理システムである。

みずほグループのような大企業の多くは巨大なピラミッド構造の本部を築いている。その構造を動かすだけでも十分に官僚機構的となりがちである。しかし、自由闊達さが失われれば、一挙に硬直的な官僚組織と化してしまう。柔軟性は削がれて、上意下達型の組織運営に陥らざるを得ない。

寄る辺を失って路頭に迷い始めていた本部エリートたちは一挙にカンパニー制と従来のエンティティー型統治という縦横の管理態勢のなかで、上目使いの従順な構成員になって官僚組織化が加速した。そのようなムードが際立ってきても、グループ一体化路線の「ＯｎｅＭＩＺＵＨＯ」の標語の下でのグループが一体化したようには見えた。しかし、それは一体化ではなく硬直化にすぎなかった。

さらに坂井氏が社長に就任して以後、グループ内には「上からの指示などに反論すると、ポジションを外されかねない」（みずほ関係者）と恐怖するムードも加わった。トップレベルが打ち出した方針に異を唱えたり、疑問を呈したりするような向きは消えて、唯々諾々と黙り込んで指示を待つメンタリティーは否応もなく醸成される。

変化が激しい時代にあって、経営がそれを察知するすべはピラミッドの下方、つまり、営業現場からもたらされる微妙でリアルな情報である。世の中の変化の兆しが生まれるのはつねに世の中と接している営業現場にあり、東京・大手町の巨大な本部ビルのなかではないからだ。

ところが、上から下へ、本部から営業現場へという一方通行的な情報流のなかでは、トップ層になるほど現実感覚が希薄にならざるを得ない。そのなかから上意下達的な指示がいよいよ加速されるという危ういメカニズムができあがりがちだ。システム障害に関する調査報告書が指摘した企業風土とは、こうしたなかで出来上がった。

軽視される営業現場からの悲鳴

システム障害に話を戻すと、障害発生の前にみずほグループの本部にあったのは、新システム「ＭＩＮＯＲＩ」を本格稼働させたからには、それまでの懸案事項を２０２０年度中に解決し終えて、２０２１年度以降、店舗統合やデジタル口座化によるコスト削減効果を発現させて、利益増強を一挙に実現するというプランだったにちがいない。しかし、それは現実感が欠落した「焦りのそろばん勘定」と言ってもおかしくなかった。

しかも、このプランはシステム障害であえなく崩壊したはずだった。データ移行作業は凍結となり、頭取交代人事は取り消された。そのあおりで本部レベルの異動にとどまらず、店舗統合したにもかかわらず、支店長たちの異動まで一時的に凍結状態に陥った。

内部管理が主業である本部の銀行員とは異なって、支店長など営業現場の銀行員は日々、顧客との接点の中で業務にあたっている。繰り返すが、彼らは新型コロナ感染症の悪影響が及ぶ状況のなかで、事業者が最善の道を選べるように支援を続けている。

しかし、ヒエラルキー化した本部はそんな現場の実情は頓着しなかった。

「本部の人たちが問題を起こしたにもかかわらず、私たちに十分な説明はないうえに、本部の都合で営業現場は動けとか、止まれとか言われる。本部にとって、営業現場は稼ぐためのパーツにすぎないのだろうか」

営業現場で働く中堅行員がこう怒るように、2021年のシステム障害直後の状況から見えたのは、みずほグループの本部機能がいかに現場軽視であるのかという実情にほかならなかった。

実際、支店の統廃合などは当初の4月から5月にずれ込んだものの、実施している。法人顧客と個人顧客に対応する総合店スタイルから、法人顧客は法人部（法人店）に、個人顧客は個人中核店、相談店舗に改編するなかで統廃合が行われている。しかし、これについて、営業現場からはこんな声が伝わってきている。

「実質的な人員削減もあって、一法人部当たりの取引先企業数は一挙に倍増以上となった一方で、行員数は横ばいに近い。したがって、担当行員たちは顧客を回り切れないという状況になっている」

そこに、一連のシステム障害による混乱が営業現場に襲い掛かった。営業現場の負荷がいかに重くなったのかは容易に想像できる。

みずほグループに限らず、メガバンクグループは子会社銀行のリテール改革に挑んでいる。その一環として行われているのが店舗の統廃合や支店人員の大幅な削減である。この一連の戦略を成立させている前提はデジタル技術の積極活用にほかならない。

その土台と言える基本的な部分で相次いで発生したシステム障害は、リテール改革を支える前提が狂ったことでもある。しかし、みずほグループは突っ走った。

わざわざ変化への対応力が弱い集中型の硬直的な組織構造を作り上げて、上意下達を徹底させたという近年のみずほグループが陥った罠である。そこで目立つのは、現場軽視による観念的な収益計画の立案と、その実現を推し進める1960年代型モデルの復活のようなムードでしかない。

この暴走劇の背景には「2026年度までに1万9000人」という人員削減計画を中核とするコスト削減への焦りがあったにちがいない。2月に発生したシステム障害の発端となったデジタル口座への膨大なデータ移行作業も、4月以降、デジタル口座化すると、紙ベースの預金通帳を廃し、さらに印紙税負担を回避できるという「2021年度のコスト削減効果を実現するため」(みずほ関係者)にほかならなかった。

4月から5月に1カ月ほどずれ込んだとはいえ、システム障害の原因を究明できていないなかであるにもかかわらず、店舗再編を断行した経営判断の裏には、同様に、それを通じた人員削減で2021年度に人件費圧縮を加速しなければならないという焦燥感があったと言える。その焦燥感がまともな経営判断を阻害したと言い換えてもいい。

なにしろ、法人顧客を担当する法人部では、3、4店舗を実質的に1店舗に集約するような統廃合が行われた。これは店舗再編による効率的な運営という名目の下で行われた営業店幹部ポストの大幅削減策としか見えない。

それだけではない。みずほでは最近、関連会社などへの転籍となる実質的な退職年齢を引き下げてきた。転籍した銀行員のなかには「来年のはずだったのに」と首をかしげる者や、さらには前倒しで無ポストになったものの、転籍先がなく、「人事部付き」という名目で自宅待機を余儀なくされている者もいる。彼らの中には「自宅待機の扱いが続けば、諦めて自分たちで職探しするだろうと経営陣や人事部は考えているのではないか」と裏読みする向きまで現れている。

一方、営業現場では2021年5月以降、営業現場からは「本部による現場感覚の乏しい机上計画によって、営業現場は回らなくなっている」と悲鳴が上がり始めた。「平時でも部下たちは担当先すべてを回ることはできなくなっている。そのうえ、システム障害に伴うお詫びが重なった。もはや、まともな営業活動はできない」と法人取引の店舗を任されている人物はぼやく。

そもそも、店舗を個人店と法人部に分けるなどの大幅な店舗改編を行う前提には、基幹系システム「ＭＩＮＯＲＩ」をバックボーンとするデジタル技術導入による業務の効率化があったはずだ。ところが、システム障害によってその前提はもろくも崩れて、業務は効率化されないどころか、システム障害で平時よりも営業現場の負荷は増してしまった。そのような状況に陥ることは容易に想定できたにもかかわらず、店舗改編は見直されずに突き進んだ。営業現場がパンク寸前になることはあまりに必然的である。

土台がぐらついた平屋の家に2階を増築すれば、その重みから家全体がぐらつき、住むことすらできなくなる。5月以降のみずほはそんな状態である。システム障害のたびに行われる記者会見の場では、この点を踏まえて「戦略の失敗ではないか」と問うたが、経営陣からは「頑張ります」といった弁明にもならない答えしか返ってこなかった。

そうしたなかで、夏ごろから営業現場では若手、中堅クラスの退職が現れ始めた。あまりのひどい状況に絶望して、職場を見限り始めたのだ。ある法人部長はそれを暗い表情でこう話した。

「『さすがにやっていられない』と言われると、何も引き留めることはできない」

そのうえでさらに怒気を強めて指摘する。

「坂井社長を含めて、持ち株会社の上層部には旧興銀（日本興業銀行）出身者が多く、彼らは中堅企業、中小企業、さらには個人の顧客を相手とする商業銀行のビジネスはまったく知らないし、理解しようとも思っていない。ただ、考えているのは『営業現場は人員削減の草刈り場』ということだけだろう」

確かに、旧興銀は大企業取引や市場取引に特化したような銀行であり、店舗数も各都道府県に1店舗というような態勢だった。ビジネスも組織も旧第一勧銀、旧富士の商業銀行モデルとは明らかに違った。そのような旧興銀で育った人たちが商業銀行のビジネスを理解していないという指摘は説得力がある。

また、営業現場の支店長に就いているのも、旧第一勧銀、旧富士の出身者ばかりであり、旧興銀出身者はいない。

旧興銀出身の経営者は商業銀行ビジネスの微妙さ、繊細さは理解せず、だからこそ、営業現場を管理し、グリップを効かせることを重視した。その象徴が佐藤康博前社長によるカンパニー制の導入であり、坂井社長によるカンパニー制の徹底化である。両氏とも旧興銀出身者にほかならない。

カンパニー制は投資銀行を中核とする巨大金融会社である米国のJPモルガンのマネジメント手法であり、それをみずほは模倣したことになる。しかし、同じ金融グループでも、みずほとJPモルガンは似て非なる存在だ。したがって、当初より、みずほがカンパニー制を導入することに一種の危うさを指摘する向きは少なくなかった。

余談だが、JPモルガンは1980年代に深刻な低迷状態に陥ったことがある。その際、経営立て直しに向けて、新たなトップに就任し、立て直しを見事に成功させたのがデニス・

ウェザーストーン氏である。

彼はロンドンの労働者階級の家に生まれて、大学に進学できず高校卒業でJPモルガンの英国拠点に入社した。初めの仕事はメッセンジャーボーイだったと言う。それから数多くの現場で働いて、経営悪化という非常時にトップに抜擢された。

その成功の秘訣は、同氏が「すべての仕事に精通していたことにあり、現場の人たちが彼を知っていたことにある」と言われている。みずほの経営者がJPモルガンから学ばなくてはいけなかったのは、カンパニー制よりも、むしろ、このウェザーストーン氏がなぜ立て直しに成功できたのかというストーリーだったように思えてくる。

人員削減に前のめりになった経営陣の判断ミスによって、皮肉なことに、みずほでは当初の計画よりも早く1万9000人の人員削減が実現するかもしれない。このままでは、みずほを見限るパターンで若手、中堅クラスの退職が増え続ける懸念があるからだ。

しかも、システム障害の原因究明は2021年9月になっても遅れている。それによって、デジタル化も凍結状態となり、新たな戦略を打ち出し実現することはできなくなった。存在しているのは、営業現場への過剰な負荷である。

さらに長引くようであれば、取引先企業もみずほを見限りかねないし、国際金融市場ではみずほを不安視するムードが芽生えかねない。場合によっては、みずほは重大な岐路を迎えておかしくないだろう。

システム問題は表層。経営のあり方を大変革できるか？

みずほグループは、金融危機がまだ解消していない2000年に誕生した。1999年8月20日、みずほ統合の発表記者会見に登壇した母体3銀行のトップたちは意気揚々として、次のように大見得を切った。

「時価総額でグローバルトップ5を目指す」

3銀行合算ベースでは総資産は約150兆円となり、世界トップの規模になることはすでに明らかだった。時価総額ベースで世界の五指に入る銀行を目指すというのは、質的な面でもトップ級に進化するという意味を意味していた。

時価総額は、株式の時価と発行済み株式数を掛けて得られる企業評価の尺度の一つである。企業買収がさかんに行われるようになったころから時価総額を重視する傾向がいよいよ強まっていた。発足当初、当時のみずほグループのトップたちはこの時価総額という市場評価を用いて、世界で5位以内の金融グループになると豪語したわけである。

2021年2月のシステム障害はその宣言から20年が過ぎたタイミングにおいて、みずほグループが自身の立ち位置として表した回答だったと言えないこともない。時価総額はときどきの株価水準が変動係数となる。したがって、時価総額も刻々と変わるし、「グローバルトップ5」も相対評価の変数にすぎない。自身の成長がなくても、ライバルたちの株価が大幅に下がれば、相対優位となってランキングは上昇する。

したがって、ある時点に区切って時価総額だけで評価することに意味はないが、それでも、傾向的には説得力が生ずる。

いま、みずほグループは時価総額でどのようなポジションにあるのか。世界の金融業の時価総額ランキングをみると、数十位にとどまっている。みずほグループに限らず、わが国の3メガバンクグループは時価総額ランキングでトップ5どころか、トップ10にもランクインしていないが、みずほグループの順位はそのなかでも低い。

一方、総合商社は復活を遂げて市場評価を高めている。そこには、分散型の経営モデルでアジャイルにビジネスモデルを変容させていく柔軟性があったからにちがいない。ところが、総合商社のトップが指摘したように、銀行は「重たいシステム構造」である。システムに関するこの指摘は、システムそのものを語っているのではない。分散型で柔軟性に富んだ組織を構築できない銀行の重たい体質をとらえた発言にほかならない。

奇しくも、みずほグループは自らを「One MIZUHO」という標語で強調している。

これはかつて、母体の3銀行の間で生じた深くて暗い溝を埋めていく願望が込められていた。ところが、いま、「ＯｎｅＭＩＺＵＨＯ」という言葉は持株会社の経営レベルを頂点とする、集中管理型の官僚ヒエラルキーの代名詞のように響いて聞こえてくる。

結局、金融庁がシステム管理をグリップすることになる。これはシステム運営などのリスクであるオペレーショナルリスク上の問題を金融庁が懸念した結果であると言える。しかし、システム問題は表面に現れた現象であり、みずほ問題の深層は組織のあり方にある。システム問題はそれが生み出した一端にすぎない。

果たして、みずほグループは、ビジネスモデルの変革を迫られているこの時代のなかで、迅速にそれを実現していけるのか。

いま、その桎梏となっているのはシステム問題ではない。経営のあり方そのものである。社会の変化はいよいよ加速してきている。みずほグループには硬直的経営を廃して、アジャイルな組織に変わる破壊的な創造こそが必要となっている。ある一定の範囲において、危機は再生のチャンスである。みずほは挑戦しなければいけない。

第4章

東京・池袋、次世代型店舗のホットゾーン

リーマンショック、銀行に対する顧客の怨嗟

　近年、先進国を舞台に起きた銀行の経営モデル革命には、原動力ともいえる二つの要因があった。一つは、デジタル技術の飛躍的な進化であり、もう一つは銀行業の存続を脅かすほどの厳しい逆風だ。この二つのファクターがほぼ同時進行的に生じて絡み合いながら銀行の経営革新を強く促した。その典型例が米国の銀行業界にほかならない。

「銀行機能はなくならないが、今の姿の銀行は消えてなくなるだろう」

　マイクロソフトの創業者、ビル・ゲイツの発したこの言葉は有名である。デジタル技術の飛躍的進化を踏まえて、彼がこのように予言したのは１９９４年だった。それから20年弱が経過した時点において、予言は一挙に加速度的に現実化しかけたとも言える。実際、デジタル技術は急速に進化した。しかし、ビル・ゲイツですら、もう一つの要因は予想しなかったにちがいない。

　２００９年に発生した絶大な金融危機、リーマンショックは、銀行を経営危機に陥らせただけではなかった。金融市場が一挙に流動性を喪失したことによって世界経済がフリーズしてしまった。そのあおりを食って企業倒産は多発し、職を失った人たちが街に溢れた。

なかでも危機の発生源である米国では惨状が極まった。

金融業界に向けた失業者たちの怒りは凄まじかった。有力銀行や投資銀行が本社を構えるニューヨークの金融街であるウォールストリートでは、連日のように、「銀行、投資銀行に厳罰を与えよ」と書いたプラカードを掲げた人たちによるデモが暴力的に出現した。

当時、ニューヨークの街を歩くと、有力銀行の店先に「私たちはお客様のために尽くします」などという弁明が印刷されたコピー用紙が張られている光景が見られた。おそらく、来店した個人顧客から罵声などを浴びていたからだろう。

ところが、危機発生の張本人と言える有力銀行ほど公的資金投入によって救済された。銀行破綻がもたらす経済的な悪影響が懸念されたからである。有力銀行は公的資金を注入されて救われるためにも、大規模なリストラや事業売却に動いた。政府は金融規制も強化したが、それでも銀行などが救済されたことには変わりはなかった。

そこで、銀行業界に対して「危機を生んだにもかかわらず、救われた」という世の中からの激しい批判は一段と高まらざるを得なかった。厳しい批判の対象は銀行などを救済した政府にも及んだため、政府は一段と厳しい代償を銀行業界に求めるとともに、銀行の責任を追及する事態へと発展した。

銀行や投資銀行がレバレッジを利かせた破天荒な信用創造を繰り返して危機の潜在規模

を膨張させたように、危機解消策は銀行などに対する世の中の反感を助長し、銀行批判が激しさを増すという憎しみのレバレッジ効果をもたらした。

コスト削減とサービス向上を一挙に実現！

焼き討ちもされかねないほどの怒り、憎しみを庶民から買うなかで、米国の有力銀行はリストラによる生き残り策だけではなく、危機によって瓦解した信用の回復に取り組まざるを得なくなった。これは大企業との金融取引を中核的な事業としている投資銀行よりも、個人・中小企業などを顧客とする商業銀行にとって、深刻な課題となった。

というのも、銀行に怒りを爆発させ、不信感を募らせている人たちこそ、自分たちの顧客層だったからである。たとえ政府の救済策で生き残れたとしても、顧客層の信頼を回復できずに見放されれば、事業を再生軌道に戻すことは期待できない。

信用の回復を説明するために高等な金融理論などを用いる必要はない。信用を得る大前提は顧客に喜ばれ、選ばれることだからだ。そのための必要十分条件は、商品・サービスの品質向上であるが、これはたんに的確なアドバイスや商品を提供するというだけではない。感じがよくて好感される顧客対応が求められる。

ところが、膨大な事務業務をてきぱきと処理していかなければならない銀行の営業現場には働く者が笑顔を浮かべるような余裕すら乏しい。それもあって、銀行には冷たいイメージが抱かれやすい。しかし、激しい憎悪を解消していくには、そんな冷たいイメージを払拭することまで含めた変貌が問われた。

ところが、損失処理に追われる銀行の財務状況は厳しく、生き残りのために大規模なリストラによるコスト削減が欠かせなかった。大規模な人員削減を実行しながら、顧客対応まで含めたサービスの品質向上を果たすことは至難の業だ。むしろ、人員削減などのコストカットはモラールダウンも含めてサービスレベルの低下を招きやすい。

たとえば、営業現場の人員削減は一人当たりの業務負担の増大につながって働く者の仕事ぶりから余裕を奪っていく。銀行員の表情からはいよいよ笑顔が消えていくにちがいない。それでは顧客が満足して好まれ選ばれるという、もう一つの目的とは合致しない。

この二律背反的な状況を打開するためにも、米国の銀行などが積極化させたのがデジタル技術の活用だった。進化し続けているデジタル技術を活用し、人員を削減しても人的負担を軽減できるモデルチェンジによって、コスト削減とサービスレベルの向上を一挙に実現する戦略に挑んだのである。

デジタル技術の進化はすでに金融と融合して、フィンテックという新たな金融プレーヤーたちを生んでいた。彼らは人力に依存しないモデルによってコスト競争力を発揮し、銀行業の脅威にもなっていた。その脅威を打ち返すためにも、銀行業が取り組んだのがデジタル技術の積極的な導入にほかならなかった。

リーマンショックから5年ほどの間に、主要米銀は軒並み劇的な回復を果たした背景にグローバルな景気回復があったことはまちがいないが、このモデルチェンジを急ピッチで進めていった戦略性の勝利でもあった。

米銀などの変貌ぶりについては、拙著『銀行員はどう生きるか』（講談社現代新書）で具体的に報告したので、本書はこの程度でとどめて話を次に進めたい。

メガバンクのリテール業務は赤字に瀕した

すでに前章まで振り返ってみてきたように、相当に以前から社会構造が大きく変化し続けていたにもかかわらず、それに的確に対応してこなかったという経緯が銀行業界にはあった。ビジネスモデルのみならず、企業体質も明らかに時代遅れと言える１９６０年代型モデル的な発想からの脱却が果たせず、慢性病的な衰退症状を露呈させていた。

慢性病は自覚しにくいが、症状の悪化が深刻化すれば、いずれ、それは体調の異変として認識せざるを得なくなる。そのタイミングはとうに訪れていた。それをいち早くシリアスに認識せざるを得なかったのがメガバンクである。逆風が国際競争力の面にジワジワと現れだしたからである。

ただし、メガバンクがモデル刷新に向かったのは国際業務の領域ではなく、国内のリテール業務である。その理由は前章までにみてきた。個人・中小企業を顧客とするリテール業務の分野は、伝統的に多数の店舗ネットワークと多数の人材投入で成り立たせてきた。それは高度経済成長期には預金集めの巨大マシーンとしての役割を果たし、その後、各種ローンの提供基地として機能した。

それは一定の利ザヤが安定的に得られた時代だからこそのモデルだったと言える。つまり、相当に以前から、このモデルは有効期限切れになっていたのだが、慣性の法則のように踏襲され続けた。

ところが、近年、日銀の超低利金利政策やマイナス金利政策の下で銀行の預貸金利ザヤが極端に悪化するや、もはや、看過できる状況ではなくなった。

「クレジットカードや消費者金融などを除いた銀行単体ではリテール業務は実質的に赤字に瀕している」

メガバンクの首脳がこう語るように、旧来モデルのリテール分野は採算が取れない事態に陥ってしまったからだ。

ましてや、日銀のマイナス金利政策には一向に出口は見出せず、銀行経営者たちが抱いていた「いずれ、政策転換で事業環境は改善する」という一縷の期待ははかなくも崩れ去った。収益力が落ち続けるなかで時代遅れのモデルに特有と言える高コスト構造が際立ってきた。このままでは、収益力の低下もさることながら、適切な事業改革を怠っているという評価の悪化も加わって、国際競争力がそがれかねなかった。そのタイミングが到来することは避けられない情勢になってしまった。

支店やネットワークの見直しに着手

そこで、メガバンクの間で始まったのがモデル改革である。「伸ばす事業を伸ばす」だけではなく、「悪化した事業の抜本的な立て直し」の動きが始まった。「悪化した事業」とは国内リテール分野にほかならない。支店やそのネットワークの見直しを中核とするリテール事業のモデルチェンジである。

もっとも、銀行業界はこれまでも、店舗ネットワークの見直しは絶えず行ってきている。採算性が悪い店舗は閉鎖するなどの外科的な手法すら用いられてきた。しかし、それらはいずれも局所的な処方、対処療法であり、むしろ、副反応すら伴っていた。あるメガバンクの店舗開発担当者はこう振り返る。

「単純な店舗閉鎖はその地域において、『銀行に切り捨てられた』という顧客からの反感を招きがちであり、さらに顧客基盤を失う結果となった」

確かに、一定の愛着のような感情を銀行に抱いていた人たちからは、店舗閉鎖はその裏切り行為のように受け止められても仕方がない。銀行はそんな顧客感情はお構いなく、「隣町の支店をご利用ください」というお知らせを閉鎖店舗の入り口に張り付けて片付けていたが、顧客にとっては、わざわざ隣町まで足を運ばなければならない理由も義務もない。

ましてや、銀行はどこも似たり寄ったりの商品とサービスである。そこに顧客の吸引力は乏しく、顧客側に「絶対にその銀行でなければいけない」というような特別な事情がない限り、店舗閉鎖は顧客の銀行離れを引き起こした。つまり、店舗改革と言っても伝統的な手法は、コスト削減が顧客支持の喪失につながるという一次方程式のレベルにすぎず、とうてい、モデルチェンジからは程遠かった。

コスト削減のみを目的としている銀行では「計算通りのコスト削減が得られた」という達成感があっても、副反応は重く受け止めなかった。

しかし、個々の店舗というレベルではなく、店舗ネットワークというインフラそのものの採算を保つことが容易ではないという事態になると、そんな局所的な対応ではすまない。極論すると、店舗というリアルのチャネルをインターネットバンキングというバーチャルチャネルに切り替えるか、あるいは、そこまでいかずとも、リアルチャネルのネットワークコストを抜本的に引き下げるモデルチェンジを行うのか。選択肢は限られ、しかも、いずれにしても、既存の枠組みに大ナタを振るわざるを得ない。

メガバンクグループなどはこの選択肢のなかから、いまは後者のモデルチェンジに動きつつ、インターネットバンキングのすそ野拡大に舵を切った。

なにはともあれ、ここにきて、リテール分野で始動しているモデルチェンジの実装ぶりを営業現場の光景を通して追ってみたい。

池袋東口五差路のホットゾーン

「いま、池袋がホットゾーンになっている」

メガバンクの支店長を務める人物がこう教えてくれたのは2021年初のことだった。

いうまでもなく、池袋は東京のなかでも人の賑わいではトップクラスのエリアである。JR山手線や複数の私鉄、地下鉄が交差する池袋駅は乗降客数が全国2位と言われる有数のターミナルステーションだ。同駅周辺の地域にはオフィスビル、商業ビルが所狭しとばかりに軒を並べている。

同駅東口からまっすぐに伸びる並木道は大勢の人たちが行き交うメインストリートの一つだ。左方にある大規模商業施設や水族館、劇場などのホットゾーンに向かう人たちの動線であり、逆に右方はオフィス街へと広がっている。自ずと、左右で街並みの雰囲気はがらりと変わる。

その分岐点となっているのが同駅から徒歩1分ほどにある東口五差路と呼ばれる変形型の交差点である。先の人物が「ホットゾーンとなっている」と語ったのはこの一角である。一部の銀行関係者に限ったマニア的な話ではあるものの、確かに、この一角は2020年11月以降、「ホットゾーン」的な注目を集めている。

なぜ、2020年11月以降なのか。三菱UFJ銀行がそれまでの池袋東口支店の場所に、池袋、西池袋、池袋西口、東池袋、東長崎の周辺5支店（4拠点）を集めた「店舗内店舗」を実現したのが2020年11月だからである。

とはいえ、銀行業界では支店統合は珍しい話ではない。たとえ、店舗内店舗がニューバージョンであって、かつ、5カ店もの一挙集約化がかなりチャレンジングであったとしても、手法的には過去の延長線上にある。したがって、これをもってホットゾーンというわけではない。それは同銀行の支店の隣にライバルである三井住友銀行が池袋東口支店を構えていても、である。

それでも、この一角がホットゾーンであるのは、全国的にはまだ数えるほどしかないデジタル技術を多用した新型店舗が競い合うように並んでいるからである。このシチュエーションはこの一角だけと言っていいだろう。

三井住友銀行はすでに2017年から全国の支店を順次、デジタル技術を生かした「次世代型店舗」に移行させてきた。具体的には、支店で行ってきた事務処理をセンター集中処理に切り替え、支店の事務量を大幅に削減し、それに伴って事務スペースも縮減した。また、伝票不要のペーパーレス、印鑑レスの態勢を構築し続けている。これらはすべてデジタル技術の活用によって実現している。

そのなかでも刷新ぶりが際立っているのが個人特化型の店舗である。軽量小型化を徹底して、実質的には店内スペースは顧客ロビーだけであり、徹底的なペーパーレスの態勢が敷かれている。池袋東口支店は、法人取引も担当しているため、そのような徹底した仕様にはなっていないものの、次世代型店舗として随所にデジタル技術を取り入れて、店内風景のみならず業務スタイルも激変させている。

三菱ＵＦＪ銀行も同様にデジタル技術を生かしたニューバージョンの店舗の導入に踏み

切った。「ＮＥＸＴ ＳＴＡＴＩＯＮ」と呼ぶ新たな仕様の店舗を２０１９年１月に東京の学芸大学、同年4月に大阪・心斎橋の店舗で試行的に導入し、次いで翌20年に実現したのが福岡と東京の池袋、虎ノ門の３拠点である。

ちなみに、みずほ銀行も20年11月、デジタル技術を取り入れて顧客スペースを広げた相談業務重視のスタイルである次世代店舗を東京・武蔵小杉にリニューアルオープンし、その後、池袋などに広げてきている。ただし、池袋支店は三井住友、三菱ＵＦＪの両店が肩を並べるように建っている一角とは離れた地域にある。

次世代型店舗、ＮＥＸＴ ＳＴＡＴＩＯＮ、次世代店舗とネーミングこそ異なっているものの、いずれもデジタル技術を活用して事務処理をセンターに集中化させ支店の業務量を削減し、事務処理の必要人員を減らしたり、その余力は粗利をより稼ぎ出す部門に配置換えしたりしていることで一致している。

デジタル技術が人間の技術を上回るレベルにまで発達

支店は「顧客と接点を持つフロント部門」と「顧客との接点をもたないバックオフィス部門」とで構成されてきた。フロント部門は第一線、バックオフィス部門は第二線とか、ミドル、バックなどと呼ばれる。

フロント部門は稼ぐ部門であり、ミドル、バック部門はフロント業務を後方で支える部門と位置付けられ、さらにいえば、ミドル、バック部門の事務処理の正確さが銀行の品質の高さも支えた。その意味では、直接的に稼ぐことはなくても、ミドル、バックは重要な役割を担ってきた。

「お札の手触りだけで、偽札を区別できる」「印鑑の照合を肉眼でやってしまう」等々、そのような業務を担う女性銀行員の凄腕ぶりは枚挙に暇がなかった。彼女たちの技能が銀行の品質を支えてきた面があったことはまちがいない。

ところが、デジタル技術はそうした人間の技量を上回るレベルにまで発達し、かつ、一瞬に大量処理を行えるまでになった。そうなると、効率性だけではなく、正確性の観点からも人から機械へのシフトを進めざるを得ない。機械化すれば、人員削減でコストは削減できるし、従来、後方支援だった人材をフロントの稼ぐ部門に配置転換できれば、稼ぐ力を増強できることにもなるからだ。もちろん、それによって、きめ細かい顧客対応ができれば顧客サービスの品質を向上させることもできる。三つのメガバンクグループによる銀行店舗の狙いは共通している。

それでも相違が生じるとすれば、コスト削減、稼ぐ力の増強、顧客サービスの品質向上という三つの狙いのウエート付けからである。コスト削減が突出して最優先なのか、それとも、顧客サービスの品質向上こそ目指すゴールなのか。

それだけではない。三つのメガバンクグループの間では圧倒的な違いが生じている。それはスピード感である。それは戦略性の違いだけではなく、企業体質の反映のようにも見える。

まっしぐらに疾走するカルチャーなのか、それとも、一歩ずつ確認して進んでいく体質なのか。銀行は従来、横並び体質と言われ続けてきたが、いまや、三つのメガバンクグループには大きな違いがあり、それは特徴と言ってもよいほどに際立ってきている。

この点は後述するとして、ここでは、池袋の話に戻ろう。デジタル技術を取り入れて店内風景も銀行員たちの働き方も大きく刷新した三菱UFJ、三井住友という二つのメガバンクの店がガチンコの勝負をしている。そんな全国的にも珍しい一角の光景である。

三菱UFJ銀行が「NEXT STATION」と呼ぶ空間

三菱UFJ銀行の池袋支店は1階の入り口をくぐると、見慣れた銀行の店内風景はかけらもない。すぐに空港の案内ブースを彷彿させるような受付があり、そこに控えている「ロビーアテンダント」の女性行員たちが感じの良い笑顔で声をかけている。

「いらっしゃいませ。本日はどのようなご用向きでしょうか」

声をかけられた顧客は「住所変更の手続きです」とか、「おカネを送金したくて」とか、「相続関連で分からないことがあって」とか、それぞれの要件を伝えると、ロビーアテンダントはその要件ごとに、ロビースペースに設置したコーナーに顧客を誘導していく。

たとえば、資産運用の相談であれば、受付の後方左側に設置してあるテレビ相談コーナーに誘導される。テレビ相談コーナーには外部と遮断された部屋がいくつも設置されている。さらに相続などのやや複雑な要件の場合には、ＬＩＮＫＳと呼ばれる専用のテレビ電話が設置されている部屋に導かれる。

いずれも、テレビ画面には遠隔操作によって、コンサルティング専担者が登場して、あれこれとヒアリングして相談に応じていく。

一方、それらよりも簡単な要件であると、たとえば、受付後方右側に机と椅子が用意されたインターネットバンキングコーナーに誘導されて、実際にインターネットバンキングを利用している顧客はそこで操作できるし、あるいは、これからインターネットバンキングを活用したいという顧客は、そこに座ってロビーアテンダントから開始続きや操作方法をサポートしてもらえる。

このスペースこそ三菱UFJ銀行がNEXT STATIONと呼ぶ空間である。テレビ電話、インターネットバンキングなどを揃えることによって、伝票、帳票の類を必要としないペーパーレスの対応を実現し、従来のようなカウンター越しの窓口もない。待機している女性行員たちはすべて、ロビーに立脚して顧客対応している。

それでは、同支店には従来型のカウンター越しの窓口は設置されていないのかといえば、そうではない。NEXT STATIONのスペースの隣には、カウンター越しに顧客対応する窓口が設置されている別のスペースがある。顧客の用向きなどを確認して、従来型の方式でなければならないような顧客は、ロビーアテンダントが壁で仕切られているこのスペースに顧客を誘導する。そこには、送金などの要件別の伝票、帳票の束が従来通りに用意されて、顧客はそれに必要事項を記入する机も設置されている。

いわば、壁一つで作られた境界で、一方には未来の光景が、もう一方には伝統的な光景が広がっているというイメージである。ただし、伝統的とはいえ、ここも随分と違っている。要件が済むまで顧客が待つために用意されてきたのは横長のソファーが定番だったが、ここでは、ちょっと腰掛けするような感じにデザインされた独特の椅子が設置されている。

この独特の椅子の周辺を眺めていると、「なるほど」と気が付くことがある。実際に、ちょっとした腰掛けであり、そこに座った顧客は短時間のうちにすべての要件を終えて立ち去っているからだ。したがって、この日は月末日であるにもかかわらず、まったく混み合ってはいない。顧客は続々と入れ替わっている。

これは、NEXT STATIONで大半の顧客は要件を済ませるので、カウンター越しの窓口に誘導される顧客が限られていることもあるし、事務業務がデジタル化されて迅速に処理されているからにちがいない。ちなみに、このスペースには、NEXT STATIONのテレビ電話では対応できないような富裕層の資産運用などの相談に応ずるブース型窓口や応接スペースも用意されている。つまり、ペーパーレスで対応できる簡便な要件の顧客はNEXT STATIONで対応し、そこで対応しきれない顧客が壁の向こう側に誘導されるという二段構えなのだ。

顧客に「手抜き仕事」と受け止められない工夫

隣接する三井住友銀行池袋東口支店もエッセンスは三菱UFJの店舗と同様である。三菱UFJのように、店内を明確に新型、従来型に区分するようなスタイルではないものの、顧客スペースは大きく広がっている。

そこには、顧客が要件待ちのソファーもあるが、小さい机と椅子が数セット設置されていて、ロビーで待機している行員たちがスマホやタブレッドでインターネットバンキングを利用したい顧客に操作をサポートするようになっているし、相続などの相談業務に対応するブースも設置している。

窓口業務のカウンターはあるものの、その背後にある事務スペースはみえないように工夫され、やはり、支店事務の事務センターへの集中化で事務スペースは大幅に縮小している。顧客スペースが格段に広がっているのもそのためなのだ。

両支店ともに、支店行員たちの勝負どころとなるのは、来店した顧客に対して、いかに感じよく、セルフ方式によって要件を済ませてもらえるように誘導できるか、である。たとえば、顧客スペースでのインターネットバンキングの操作サポートが成功すれば、それに慣れた顧客は自宅で要件をすますことができるようになって、わざわざ、支店まで足を運ぶ必要はなくなるにちがいない。そうなれば、支店の業務量はさらに削減できて、最終的には支店の必要人員の削減まで展望できるようなるだろう。

しかし、いまは、まだ、その過渡期である。新たなスタイルの店舗に対して顧客には戸惑いも生じかねない。いかにコスト削減にペーパーレスや印鑑レスが有効だとしても、顧客は帳票類に記入して印鑑を押す方式のほうに慣れているし、「インターネットバンキングは便利です」と説明しても、「わからないから」という拒絶反応が返ってくる顧客層もいる。そもそも、来店する顧客は相応の世代が多く、インターネットバンキングを活用していないからこそ来店すると言っても過言ではない。それに対して下手にごり押し的な接客をすれば、むしろ、逆効果になりかねない。

要するに、NEXT STATIONであれ、次世代型店舗であれ、本部の専任担当セクションがいかに知恵を絞って開発した画期的なモデルであったとしても、その仕組みが顧客層に浸透し受け入れられるかどうかは、顧客対応している支店行員たちの現場の知恵にかかっている。

なにしろ、次世代型、NEXTと呼ぶように、店舗スタイルのみならず、業務オペレーションまで新たな取り組みである。したがって、顧客の反応を見極めながら試行錯誤していかないと、銀行が「セルフ方式による簡便さ」と思ったことでも、顧客の目には「手抜き仕事」と受け止められかねない。

それではコスト削減で顧客からの評判落ちを招くという、いつか来た道を行くだけの話に堕してしまう。

たとえぱ、現場ではこんな工夫の毎日である。

「お客様はこちらが考えていたような動線で動くとは限らないことが分かったりしてくる。それでは、お客様に戸惑いを与えてしまう。私たちが待機して立っている場所を変えたりする工夫をしています」
三菱ＵＦＪ銀行のＮＥＸＴ ＳＴＡＴＩＯＮで顧客対応しているロビーアテンダントの女性行員がこう語るように、ロビーに立つ支店行員たちはたんなる顧客対応だけではなく、顧客のちょっとした表情、動作まで気遣う日々を送っている。彼女は店舗が様変わりするまで、ローカウンターと呼ばれる窓口で資産運用などの相談業務を担当してきた。いまは従来業務とＮＥＸＴ ＳＴＡＴＩＯＮの新たな仕事を交互に任されていると言う。

三井住友の「高機能ＡＴＭ」、三菱ＵＦＪの「ＳＴＭ」

このように顧客の動きに気遣う日々は三井住友銀行の池袋東口支店でも変わらない。ロビー担当者のみならず、トップの支店長までロビーに立ちながら顧客の動きを入念に見極めている。同支店を任されている中島聡司支店長はある機器の前でこう説明してくれた。

「新たな機器なのでお客様が不慣れである場合がある。そこで、お客様の表情や機械操作の動きを見て、お困りならばロビー担当者に声をかけてサポートしてもらいます」

その機器とは「高機能ＡＴＭ」である。ＡＴＭと外見は近似しているが、機能は格段に優れている。ＡＴＭでは対応できず、従来、窓口のマンパワーで処理せざるを得なかった税金の納付・公共料金の振込を顧客のセルフ操作で簡単にすませるマシーンである。

従来型のATMが税金の納付・公共料金の振込に対応できなかったことには理由がある。各自治体で納付などの用紙の仕様が異なっているからだ。そこで、税金・公共料金の収納代行業務はカウンター窓口のテラーと呼ばれる銀行員が対応してきた。しかし、クレジットカードなどの利用よりも現金による支払いが多く、かつ、繁忙日に集中しがちで窓口業務の事務負担は大きく、ひいては、顧客の待ち時間が長引いて店内混雑の原因にもなってきた。そこで、時間を要して待たされることに嫌気がさした顧客のなかには、コンビニエンスストアが提供する収納代行サービスに利用を変える動きが定着化したとも言える分野である。

この厄介な分野の問題を解決しつつあるのも、やはり、デジタル技術である。自治体など収納機関と金融機関を共同ネットワークで結ぶマルチペイメントネットワーク(MPN)上で関連データの伝送処理が行われるようになった。このサービスはPay-easy(ペイジー)と名付けられている。

その機能を搭載したのが高機能ATMである。利用者は納付書などを挿入すれば、あとはマシーンが自動的に内容を読み取る。利用者は画面に表示された画像をチェックし、問題がなければ、画面の「確認」をタッチし、キャッシュカード、あるいは現金で支払いを済ませて領収書を受け取るだけで操作は完了する。まさに、人手を要さないセルフ方式のマシーンである。

このマシーンを三井住友銀行は高機能ATM、三菱UFJ銀行はSTM（Store Teller Machine）と名付けて店舗内に設置している。しかし、いかにセルフ方式で便利とはいえ、初めて利用する顧客はまごつきかねない。そこで、三井住友銀行では中島支店長が自ら、このマシーンの周辺で顧客の表情、動きを見守っているわけである。

「存じ上げないお客様が利用されているので心配になって見守っていたのですが、とてもスムーズに操作なさっていました。そこで、お尋ねしたら、当行では初めてだが、隣の三菱UFJで利用したことがあるという話でした」

中島支店長が笑顔交じりで話したこの体験談はきわめて示唆に富んでいる。デジタル技術を生かしたインフラに顧客が慣れれば、瞬く間に一般化し、利用も広がることをリアルに物語っているというだけではない。

「結局、最終的には使いやすさの追求などの面で顧客に利用していただくマシーンはどの銀行でも同質化していく。機能はもちろん、操作もそうだ。ネットバンキングもその例外ではない」

デジタル技術を活用した機器類の開発を担当しているある銀行員はこう説明したうえで

次のように説明する。

「だからこそ、支店で働く人たちの顧客フレンドリーな対応や、デジタル画面から利用者の方々が感じる心地良さが大切という結論になる。それがDXというものでしょう。それが顧客に自分の銀行を選んでもらう決め手となる」

支店長室という場がなくなった

確かに、三井住友銀行の高機能ATM、三菱UFJ銀行のSTMは名称こそ異なるものの、機能も操作もほぼ変わらない。このことは中島支店長が語ってくれた顧客のエピソードからもわかる。このマシーンを定期的に利用するメイン・ユーザーは中小企業などの事業者である。そうした向きは、特定の銀行をメインバンクにしているだろうが、預金口座は複数の銀行に開設しているにちがいない。

そのような人たちがいずれの銀行のマシーンを利用するか、その選択のカギを握っているのはマシーン利用までの待ち時間の短さと、そして、店舗で働く銀行員たちが顧客を見守り、気になれば声をかけるような懇切丁寧で感じのよい応対である。

おそらく、これをモデルチェンジした新たな店舗スタイルの隅々にまで浸透させなければばならない。支店長自らが率先して行っているのが中島支店長にほかならない。

それにしても、銀行の支店長の仕事は革命的に変わったにちがいない。支店長の仕事ぶりの伝統的なイメージは「支店のなかでは、支店長は外回りの営業担当者のデスクが並ぶ空間の一番奥に座っているか、あるいは、支店長室で執務しているか」というものだった。それが顧客ロビーに立ち、顧客に声掛けするようになっている。

三井住友銀行池袋東口支店の2階の一角には、富裕層などの顧客の相談に対応したり、法人顧客に対応したりするための応接室が左右に並んでいる。そのなかでもメインストリートに面している部屋の窓からは店外の街路樹などの光景が目に入ってくる。じつは、その一室は店舗スタイルを刷新する前は支店長室だった。

「支店長室はなくなりました。お客様と応接間で接する以外は、ロビーにいるか、事務スペースのデスクで仕事をしているか、です」

中島支店長が説明するように、支店長の仕事ぶりも随分と変わってきたことになる。

デジタル技術の応用に取り組んで業務コストを引き下げていくのは銀行本部の役割である。これはきわめて重要な役割だが、それによってビジネスの果実を得られるかどうかは営業現場の銀行員の働きぶりにかかっている。あるいは、利用者の反応の声をきちんと吸収できるかどうかは現場の感覚の鋭さ次第だし、それを本部がきちんと吸い上げる仕組みができているかどうかだ。

銀行の伝統的なオペレーション、本部主導による上意下達的な業務運営では、創意工夫という現場の知恵は生かされにくくなる。言葉を変えると、コスト削減は本部の知恵で実現できても、よりよいサービスへの転換は現場の感覚がなければ達成できない。銀行でも流行語のようになっているDXも、現場の感性によるリアルでタイムリーな情報収集、現実把握がなければ観念の空振りで終わりかねない。

いま、池袋の一角がホットゾーンとなっていると言えるのは、たんにデジタル店舗が並んでいるからではなく、そこで、デジタル技術を生かしながらの「営業現場の知恵」の勝負が始まっているからこそである。

「業務量の削減」と表した銀行、「人員削減」と表した銀行

三つのメガバンクグループがそろって、中核子会社である商業銀行の国内リテール事業の抜本的なテコ入れを戦略として公表したのは2017年11月のこと。2017年度の第2・四半期決算発表のときだった。

いずれも技術革新を生かしたモデルチェンジと、それによって削減を実現することを強

調したが、翌日、メディアによる報道の建付け方はやや趣きが異なっていた。圧倒的に「リストラの断行」を匂わせる内容になっていたからだ。

この戦略発表に先立って、それぞれのメガバンクグループでは議論が重ねられていた。その論点の一つが「コスト削減に触れることは重要ではあるが、それをいかに表現するか」ということだった。

結局、三井住友、三菱ＵＦＪは「業務量の削減」という言葉を選び、みずほは「人員削減」と表現した。この違いは、それぞれが置かれた立場と経営者のセンスを図るうえできわめて興味深い。もちろん、「人員削減」という表現が放つインパクトのほうが圧倒的に大きい。刺激的でもある。

各グループが当時、公表した内容の骨子を改めてまとめてみると次のようになる。

三井住友は「２０１７年度末までに５００人分に相当する１００万時間の業務量、２０１９年度末までに１５００人分に相当する３００万時間超の業務量を削減する」。三菱ＵＦＪは「２０１７年度末までに年間約16万時間に相当する業務量を、２０２３年度末までに９５００人分に相当する業務量を削減する」。そして、「９５００人相当の業務量削減によって、６０００人程度の人員削減を行う」とした。

一方、みずほはストレートに、傘下の商業銀行、信託銀行、証券会社を対象として、

2026年度までの10年間で1万9000人の人員削減を断行するとした。当時、みずほグループの従業員数は約8万人であり、これを母数にすると、10年間という長いスパンのプランではあるものの、人員削減率は23・7％となる。このほか、当時、約500を数えた国内拠点のうち、約130拠点を削減し、同様に1兆4700億円だった経費について1400億円削減するという計画も発表した。

みずほが直接的に、そして、三菱UFJが間接的に目標化した人員削減数は、ともに「自然減」である。定年退職数を新規採用などで穴埋めしないことで得られる縮減であり、いわゆる希望退職などリストラではない。少なくとも、そういう位置づけの削減数である。

しかし、そうは言っても、それが前向きのイメージを放つかといえば、決してそうではなかった。

もちろん機関投資家などの株主のうち、とくに短期的な利益を追求する向きは、経費率の削減が利益底上げにつながって株価の上昇、配当率の改善をもたらすという前向きの受け止め方をする可能性は高い。また、前章までに触れたように、メガバンクは国際競争上、きわめて重要な条件として格付けの維持・向上がある。国内リテール事業の不振、そして、そのテコ入れの遅れが格付けの維持を脅かしかねないムードのなかで、リテール事業のモデルチェンジに向けたプレッシャーが強まったという経緯を踏まえると、その断行は格付けの安定につながる期待が持てるだろう。

だが、一般には「銀行もいよいよ大変なのだ」という暗いイメージを与えた。人員削減だけが独り歩きしたからだ。

ちなみに、みずほグループが２０２１年5月に発表したベースでは、２０１７年対比の２０２０年度実績は、人員数が約８０００人減、国内拠点数は約80拠点減、経費は１１８０億円圧縮である。計画通りの、ないしは、計画を超える進捗率となっていることが理解できる。

一方、三井住友銀行は、２０２０年5月公表ベースによると、19年度末までに当初計画を超える３５０万時間の業務量削減を実現したと言う。三菱ＵＦＪは20年度に４４００人相当の業務量を削減し、23年度末に９５００人に相当する業務量削減という当初計画を１万人超に引き上げた。

営業現場の銀行員のモチベーション向上を導けるか

それぞれ、順調に走り出しているようにみえるが、あえていえば、そのことすら手段であって目的ではない。

たとえば、唯一、業務量の削減という位置づけにとどまって人員削減という表現をしていない三井住友は「業務量の削減によって得られた人的余力は、成長分野などに振り分ける」と明言しているし、三菱UFJもたんなる自然減効果を生み出すだけではなく、人的余力の戦力化を強調している。

たとえば、事務センターの集中化によって支店の事務業務に従事してきた銀行員は事務センターへの配置換えにもなっているが、それだけではなく、営業職などへの担当替えにもなっている。稼ぐ組織としての強化策である。

「事務部門で働いてきたような人材を顧客と接するフロント業務、相談業務など戦略的な部門に配置換えするのは容易ではない」

ある銀行の人事担当者はこう指摘する。確かに、仕事の適性はある。銀行はその適性を踏まえて人事を行ってきたし、そもそも、営業は総合職、事務は一般職といった採用の間口から別個にしてきた経緯がある（ちなみに近年、三井住友などは総合職、一般職という区分けを廃止した）。また、スキルを蓄積した仕事から、まったく未体験の仕事に変わることには抵抗感が生まれやすいし、「そんな仕事は私にはできない」という諦め感も抱かれやすい。

しかし、時代は大きく変わってきている。適性などの判断すら見直されつつあると言っていい。あとは、配置転換のソフトランディングが確実にできるような研修の充実化などを通じて、新たな仕事に対するやる気と自信を高めることができるかどうかである。それにきちんと取り組んでいるのか、それとも、おざなりの人事でしかないのか。その違いによって、銀行の狙いが透けてみえてくる。

わが国の社会構造が大きく変化してしまったなかで、それに適した事業モデルを確立し、さらには企業体質も変えられたのかといえば、銀行業界は明らかに途上にとどまっていると言わざるを得ない。

もちろん、そこには、金融危機などによって「変わる」チャンスを逸した側面はあるものの、変われなかったという結果は厳然たる事実として存在している。銀行の内部にはいまだに計画経済的な要素すらあった高度成長経済局面の残滓のような1960年代型モデルの観念が残っていた。

そのなかでもリシャッフルが求められる重要な部分は「人」と「稼ぎ方」である。たとえば、リテール分野におけるモデルチェンジは進展しているものの、それが低コストの仕組み作りということだけに終われば、リーマンショックの後に米銀が追求したような顧客支持の獲得にはつながりそうもない。コスト削減による収益向上は資本市場では評価されても、一般社会で好感されるかどうかは次元の異なる話である。

いまや、金融サービスの提供者は銀行に限らない。銀行に満足できない利用者は、新手のサービスを提供するフィンテックや非金融業に鞍替えしていくかもしれない。そのなかで、対面のサービスは、そのメリットが生かされないならば競争力は生まれない。

「CS（顧客満足）はES（従業員満足）と不可分」と言われているように、顧客満足度の向上は、そこで働く人たちが働くことを生きがいとして前向きに喜びながら顧客に接することによってこそ達成できる。前向きな姿勢が営業現場の創意工夫を生み出すことを経営者や本部エリートたちは決して軽視してはならないだろう。

いかに働く場をリシャッフルしても、顧客ニーズを軽視して、本部から与えられた営業ノルマなどの指示を達成するだけの営業現場のままであるならば、そこは「きれいだが暗い職場空間」が広がるだけである。淡々と「お仕事」をこなすだけの熱量なき労働現場だ。デジタル技術を駆使して営業現場を刷新するリテール改革は、営業現場で働く銀行員たちのモチベーションを高めて、「自分たちが何のために働いているのか。銀行は何のために存在しているのか」という命題を追求するメカニズムを創出するのでなければ意味は乏しい。

つまり、リテール改革とは現場のリアルさを一片も見過ごすことなく吸収して、そのようなメカニズムを生み出す土壌作りに向けて邁進する本部エリートたちの頭脳改革にほかならない。

それは始まったばかりであり、現在、リテール改革で生み出された新たな店舗スタイルすら試行的な挑戦にすぎないが、そんな過渡的なステージでも、営業現場は顧客の支持を得るために汗を流している。

本部エリートたちが頭脳改革を果たせなければ、いずれ、営業現場は意欲を失って、それを敏感に察知した顧客は銀行から離れていく。そうならないための営業現場による取り組みと闘いの断面が垣間見える池袋の一角は、やはり、ホットゾーンにほかならない。ここを訪れる価値はある。

第5章

疾走する三井住友・慎重な三菱UFJ

日本社会・近未来の六つの課題

2017年暮れ近くのタイミングで打ち出されて、一挙にモードが切りあがったのがメガバンクグループによるモデルチェンジへの取り組みである。

中核子会社である商業銀行のリテール部門をおもな対象として、業務効率を飛躍的に向上させてコスト削減を実現しつつ、サービスを質的に向上させていく。それによって、顧客の支持を獲得していく。激変する時代の中で生き残りを賭けたチャレンジだ。

それはリーマンショック後の有力米銀などが挑戦した「コスト削減と信頼回復の追求」と変わらない。改革を促す事情は異なっていながらも、わが国でも、過去にはなかったようなスクラップ・アンド・ビルドが銀行業界で始まった。

もっとも、わが国の場合、それは容易ではない面がある。第一に、改革を促している要因であるビジネスモデルの老朽化は今に始まったものではなかった。すでに指摘したように、わが国では社会構造、マクロ経済成長ステージの変化はかなり以前に起きていた。ところが、銀行業界はそれに見合う抜本的な自己変革に的確に挑んできたとは言えなかった。結果として、ビジネスモデルはたんなる老朽化ではなく、さび付いて金属疲労のような状況に陥ってしまっていた。

一方、新たなモデルを構築するに際して欠かせないのはビジョンであると言われている。たとえば、デジタル社会の幕明けに多大な影響を及ぼしてきたのがＩＴ産業の集積地である米国のシリコンバレーだ。この地で働いた経歴を持つＩＴ企業の技術者はこう話している。

「シリコンバレーでは、優秀なＳＥなどの開発者が求められていることはもちろん、ある意味では、それ以上に重要視されているのは将来社会を予測してデザインする設計者のような人材です」

そのデザインした将来社会に適したデジタル技術の応用が開発されているという話である。いかに優れたモデルを開発しても、来るべき社会の方向性と合致しないのであれば、空振りに終わるだけだからだ。銀行のモデル改革もたんに老朽モデルを変えるだけではなく、近未来の社会にマッチしたものへの刷新でなければならず、そのためには、近未来をいかに描くのかというデザインのあり方が問われる。

そこで、過去から大きく変化した社会構造を簡単にとらえると、成長率の鈍化の背景として、①企業の資金需要水準の低下、②人口減少、高齢化があり、その反射効果として、③社会保障費の増大による国・地方の財政悪化、④個人生活上の課題の増加がある。さらに、人口問題から当然の帰結として⑤生産人口の減少、⑥老後生活への不安、が生まれている。

そこで、政府は成長率の回復に向けた政策を打ち続けているが、成長率の鈍化は循環的な景況要因だけではなく、国の成長ステージが変わったという構造要因もあるため、かりに政策が奏功したとしても、かつてのような成長率が蘇るわけではない。潜在成長率の低下は、いま、市場金利の歴史的な低水準につながって銀行に大きなダメージを及ぼしている。マクロ経済情勢をみる限り、残念ながら、この状況は長期化せざるを得ない。
②の人口問題からは課題が増産されている。これに核家族化も加わり、高齢の夫婦世帯、あるいは独居世帯が増え続けている。その階層を社会システムが支える必要性が増し続けている。そのなかで、社会保障費は膨張し、いずれ、限界が訪れておかしくない。公的扶助に変わる仕組みへの要請は絶対的に高まってくる。また、若年層には老後への金銭的な備えが欠かせなくなっている。
⑤の生産人口の減少も重大である。生産現場の各所に労働力不足を引き起こしかねないだけではない。その解決のためにデジタル化が必要とされるが、労働力の理想的な配分も問われるからだ。たとえば、大量採用の果てに人材の使い捨てのような企業の行動は許されず、企業は少数採用で専門人材を育成することが求められるにちがいない。

「実質的な定年退職」が50歳ごろに

そうしたなかで、銀行には新たな時代の成長をけん引するような企業の創出を促すビジネスが求められることはまちがいないものの、それはすべてではない。むしろ、銀行の全体像として言えるのは、次のようなことだろう。

国内で成長を目指すには人材のプロフェッショナル化によるサービス品質の向上と、社会のニーズ、要請に的確に応えられる事業の多角化が重要になる。そのためには買収や提携というインオーガニックな戦略もあるが、プロフェッショナル人材の内製化も欠かせないし、多角化した事業に相応しい人材を発掘する目利き力も必要となる。これは営業職か事務職かという単純なレベルの区分けではない。

それらを的確に行っていくには、社会の微妙な変化と向き合っている営業現場の感覚がタイムリーに経営レベルに届き、いち早く組織として動けるような態勢づくりも必要となるにちがいない。要するに、アジャイルな組織の土台作りである。

このように、ビジネスの与件と言える基本条件は、かつての時代から大きく変わったと言えるのが銀行業界である。本来、マクロ経済の動きに大きな影響を受けやすいマクロ産業としては、その遅れは痛かったと言わざるを得ない。

むしろ、そのような地殻変動的な変化のなかで必然的に弱まってきた収益力を是が非でも底上げするために、伝統的なモデルのアクセルを踏み続けてしまった逆行現象も起きていた。営業目標の引き上げなどはその典型例である。

そのような仕組みの下で、営業現場は疲弊し続けて、「目標を達成するだけでいい」というシラケムードと、「しょせん、銀行は不況業種だから仕方がない」という諦めムードが蔓延せざるを得なかった。これではプロフェッショナル化は遠い夢の世界である。

一方、米銀が断行できたコスト削減にもわが国には制約がある。米国などのように社員の解雇による人件費削減という手段はとれないからだ。その分、米銀のような即効的なコスト改革はできず、長い時間をかけた漸進的なものにならざるを得ない。

したがって、みずほグループが「10年間で1万9000人の人員削減」を軸とする戦略を打ち出すや、レイオフがコスト削減の常とう手段となっている欧米の銀行業界などからは「じつに緩慢なビジョン」という声が上がったのだが、これはやむを得なかった。

もちろん、わが国でも退職金上乗せで希望退職を募るという方式はある。しかし、銀行業界の場合、希望退職の募集は金融危機の際に極端に経営悪化した銀行が例外的に実施しただけである。そうしたなかで、突如、「希望退職を含む人身削減を断行」と打ち出せば、「あの銀行の経営は危ない」という噂が飛び交って、銀行の信用は一挙に揺ぐことにもなりかねない。とくに金融市場では、信用力はあっけなく崩壊するリスクがある。

国内業務と国際業務を両輪とするメガバンクにとって、雇用制度に関する国内外の制度や慣行の違いは悩ましく、コスト削減効果が発現するほどの人員削減策の必要性は実感していても実行は容易ではなかった。そのなかで苦肉の策として編み出されたのがリストラではないという印象を与える「自然減」という手法だった。

しかし、実際には「自然減」などはありえない。大学新卒者の採用人数を極端に抑える人事政策は人為的であるし、さらにいえば、メガバンクの中ではその後、実質的な定年退職と言える「銀行からの転籍年齢」を切り下げているところもある。

銀行では、多くの銀行員が定年退職年齢に達する前に、関連会社や取引先企業などに出向、転籍となる「実質的な定年退職」がある。それは50歳ごろの年齢が目安になってきた。それを過ぎても銀行に残るのは、役員まで昇格した者などに限られている。その転籍年齢の引き下げは、「自然減」をより効果的にするための人為的な政策と言ってまちがいない。

とにかく、厳しい経営環境のなかで収益力が落ち続けるなかでは、そうした人為的な「自然減」はコスト削減策として、メガバンクには避けて通れない事態になった。

収益力が弱まった一方で、経費水準が増加している

この状況は銀行の経営状況を測る指標にも見える。効率性指標のＯＨＲ（オーバーヘッドレシオ、一人当たり経費率）である。従来、日本の大手銀行クラスではＯＨＲは60％前後だったが、近年、その水準はじりじりと上昇して70％前後に達していた。これは、収益力が弱まった一方で、経費水準は高止まりしたままか、あるいは、増加している状況を意味している。

メガバンクグループでは国内部門の経費は抑制しても、企業の成長戦略のために海外部門の拡充策は必要不可欠である。そのために、企業買収などを相次いで行った結果して、経費は増大せざるを得なかった。

だが、理由は何であれ、一定レベルを超えるＯＨＲの上昇は好ましくない。有力外資系投資銀行のアナリストによれば、その一定ラインとは「国際的にみると、商業銀行の場合、60％程度」だと言う。その水準を超えるにつれて、「コストコントロールに問題があるとみなされるようになる」のが大手銀行の宿命であり、それは金融市場からの評価にも反映される。ひいては、国際業務には欠かすことのできない格付けにも響きかねない。

それもあって、メガバンクグループは一斉にコスト削減に動き出したわけだが、人件費の削減によって損益分岐点を押し下げられても、それだけではモデルチェンジにはならない。肝心なのは、抜本的な業務改革である。

つまり、本来であれば、こういう話である。すなわち、デジタル技術を駆使して、これまで実現できなかった業務改革を実現し効率性を向上させれば、当然の帰結として余剰人員が発生する。その余剰人員をそのままにしておくと、低コスト化という業務刷新の果実は得られない。結果として、余剰となる人員の処遇が課題となる。そこには、いくつかの選択肢があり、その一つが人員削減となる。

そこで、余剰人員の戦略的再配置をまず描くのか、それとも、自然減による人員削減計画を前面に打ち出すのか。これは、ビジネスモデルの刷新を迫られたという共通の事情のなかでも、メガバンクグループの間での微妙な違いとなって現れたと言える。

ちなみに、2017年11月、モデルチェンジと言える戦略を打ち出すに際して、三つのメガバンクグループのなかでは、人員削減まで言及するか、それとも、デジタル化の果実である業務量の削減までに表現をとどめるのかについて、真剣な議論が繰り広げられた経緯がある。

「ビジネスモデルの刷新が重要であり、ここで人員削減まで強調すれば、社員たちが動揺を来しかねない」という考え方と「人員削減まで言及しないとコスト削減に説得力が伴わない」という主張との対立である。

その結果は三つのメガバンクグループの間で微妙に異なった。人員削減を前面に出したみずほグループ、業務量の削減効果として人員削減余力を示唆した三菱ＵＦＪグループ、そして、業務量削減までに言いとどめた三井住友グループという違いである。

駅前から住宅地に個人向け店舗を移設

それから、4年近くが経過した現在、三つのメガバンクグループはそれぞれの道を歩んでいると言える。三つのメガバンクはともに、デジタル技術の導入による低コストの新型店舗の導入を打ち出したのだが、果たして、その後の状況はどうなっているのか。

この場合、デジダル技術とは人間による定型作業をＡＩ活用によるシステムで自動化させるＲＰＡ（Robotic Process Automation）、営業現場から事務センターまで一気通貫でデータ伝送するＳＴＰ（Straight Through Processing）、あるいは画像をデータ伝送するイメージワークフローなどである。これらを駆使して、リテール分野の中核インフラである支店業務を効率化し、支店業務に従事する銀行員の「働き方改革」を断行する。メガバンクグループが打ち出したモデル改革のファースト・ステージはこういう内容である。

このステージにおいて、ライバル他社を圧倒するスピードで駆け抜けているのが三井住友グループである。傘下の中核子会社である三井住友銀行は約４３０カ店を数える店舗のうち、２０１７年度には早くも１０３カ店を、さらに２０１９年度末までに全店を次世代型店舗と呼ぶ新型店舗へと移行させてしまった。

次世代型店舗はデジタル技術導入によって支店の事務量を削減し、顧客スペースを広げた仕様である。それだけでも事務行員の削減につなげたが、同銀行は息つく暇なく、次の一手に乗り出した。

次世代店舗のほとんどは、個人、法人の顧客を対象とするフルサービス店舗だが、これを順次、個人特化型の軽量小型店舗に切り替えているからだ。軽量小型店舗は従来のようなカウンター越しの顧客窓口はなく、預金の出し入れ・送金などは伝票なしのキャッシュレスを徹底している。窓口はないということは順番待ちのソファーも設置されていない。

支店の行員たちはすべて、ロビーに立ちながら接客し、資産運用や相続などの相談案件があれば、専用のブースで対応する。

その仕様を徹底するために、従来、支店で対応してきた法人顧客をネットバンキングに誘導し、さらには、駅前にドンと構えていた店舗を駅から離れた住宅地に移設して、リ・

オープンしたりしている。

この取り組みによって、2019年3月には21拠点にとどまっていた個人特化型の軽量小型店舗は2023年3月には300拠点へと大幅増加させる計画だが、すでに「2021年度中には、250拠点の転換を完了できる」と言う。速度は一段と加速している。

ちなみに、銀行の店舗といえば、駅前が定番だったが、それを住宅地に移すというのは既存の住宅地に自宅を構える住民たちの多くが定年退職世帯に変わりつつあることを踏まえている。人口構成上の大きな塊である団塊の世代は順次、定年退職を迎えている。2025年にはこの世代は後期高齢世代に突入していく。

また、若手世代は駅前に銀行が支店を構えていても、オープンしている時間帯に銀行を訪れることはむずかしいし、この世代の多くはインターネットバンキングに移行しているため、リアルの店舗に足を運ぶケースはきわめて限られている。とすれば、駅前に店を構えている必然性は乏しく、むしろ、郊外の住宅地に個人向け店舗を開設したほうが好ましい。そのような判断からの移設である。

余談だが、これに類した発想の転換を銀行よりもかなり早い時期に行っていたのが喫茶店チェーンである。高度成長期にはサラリーマンのくつろぎの空間としてオフィス街や駅前に店舗展開して大成功を収めた同チェーンは、成熟経済化に続いて団塊の世代が退職年齢に達するのに着目して、郊外型の新たな店舗展開に乗り出している。

同店舗では、団塊の世代が懐かしみ、好むようなメニューを整えるとともに、店内を各種の地域コミュニティーに貸与するような集客戦略をとっている。その第一号店を2012年にオープンすることを発表したのは2010年のことだ。銀行よりも、消費市場に立脚するビジネスのほうが、いかに社会の変化に敏感であるかが分かるエピソードである。

混合モデルで慎重に進む三菱UFJ銀行

話を戻そう。法人顧客も対象とするフルサービス店舗は大幅に減少させるに伴って、支店の事務量は一段と軽減できたことで支店事務を担ってきた行員を大幅に削減した。三井住友銀行では支店事務を担ってきた行員たちの多くが、事務センターへの異動や支店内でのコンサルティング業務への配置換えとなっている。

三菱UFJ銀行は前章で紹介したように新様式の店舗、5カ店のNEXT STATIONを試行的に誕生させ、みずほ銀行も同様に次世代店舗を導入したが、三井住友のように一挙にニューモデルへ切り替えているようにはみえない。

というのも、三菱UFJの場合には、NEXT STATION路線をストップして、戦略転換とも言える方向に舵を切ったからである。NEXT STATIONは当初から「試行」という位置づけだったことを踏まえると、戦略転換というよりも、バージョンアップと表現したほうが妥当かもしれない。

池袋支店でみたように、NEXT STATIONはデジタル化した未来型スペースであり、その隣には伝統的な店舗スタイルを踏襲したスペースを設けている。いわば、新旧混合モデルと言える。これは、法人、個人の両顧客に対応することを前提にしたからである。

個人顧客は、すでにデジタル態勢へのフルシフトが可能である一方で、法人顧客はその用件の性質上、有人の窓口対応を必要とせざるを得ない。そこを一挙にネットバンキングに移行させているのが三井住友に対して、三菱UFJは慎重に構えている。

しかし、新旧混合モデルはいかにも過渡的である。そこで、三菱UFJは試行ステージを終えて、NEXT STATIONの進化系を伴う新たな絵図面を描き出した。

「NEXT STATIONの試行店で浮かび上がった課題を踏まえた」という新戦略は「NEXT STATIONを切り出して、スペースを広げて、かつ、ペーパーレスを一段と徹底した軽量化店舗を導入し、従来型のフルバンク店と二つのスタイルを導入する」（デジタルサービス企画部）と言う。

NEXT STATIONの独り立ちである。三菱UFJの店舗ネットワークは従来、法人・個人の両方の顧客に対応するフルバンク店舗だけであり、2017年度には515カ店というネットワーク規模だった。その後、店舗の集約化を進めて、2020年度には425カ店になったが、その内訳は、コンサルティングオフィスのような特化型5カ店のほかは、すべてフルバンク店舗である。

そこから一歩踏み出して、店舗集約化と店舗スタイルの分離を並行して進めていく。2023年度には店舗総数を約320カ店にまで絞り込むと同時に、その半分はNEXT STATIONの独り立ちである軽量・機能特化型に変えて、半分は従来のような「法・個一体型」のフルバンク店舗という割合になる。

店舗改革で300億円のコスト削減

軽量化型の店舗では、担う業務を絞り込んで事務量も大幅に削減する。タブレッド、スマホの活用によって、顧客には「持参物なし」「待たない」「書かない」というメリットを提供し、NEXT STATIONと同様にテレビ窓口などを設置して専門性の高い相談業務をリモート環境で実現する。

三菱 UFJ 銀行の軽量化店舗

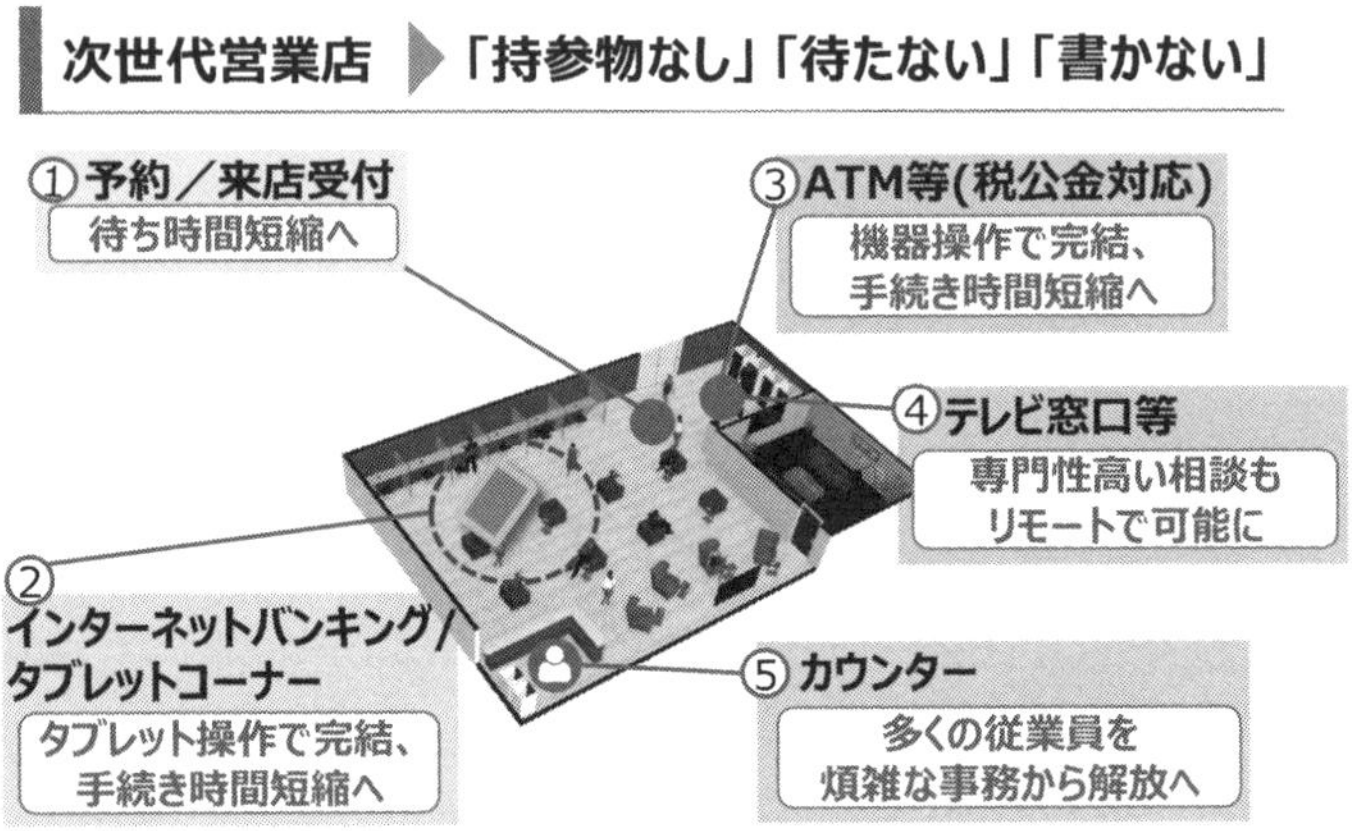

個人特化型のようにも見えるが、訪れた法人顧客を「ウチは個人のお客様向けの店です」と突っぱねるのでは反感を買うだろう。そこで、そのような場合には、近隣のフルバンク店舗と連携して、そこから担当者がやってきて顧客対応する仕組みをとる。

銀行業界では、地域ごとに中核となる支店を母店とし、周辺の小規模店舗をサテライト店舗と位置付けるエリアマネジメントがある。フルバンク店舗と軽量化店舗はそれに類似した組み合わせと言える。軽量化店舗の支店長は近隣のフルバンク店舗の副支店長を兼務して有機的につながるようになる可能性もある。

軽量化店舗は支店長を含めて5人以下の陣容を想定していると言う。業務内容を絞り込んで事務量を削減しているからこそ実現できる人員規模である。この仕様の店が理想的に機能すると、「この地域のお店」という感じで地域に溶け込める可能性がある。少人数であれば、みんな、顔見知りという気やすい店舗にもなりえるだろう。

インターネットバンキングのタブレッド、スマホ上の操作をサポートするなどの業務は顧客にとって親しみやすい人柄が取り柄となる。従来、窓口業務など顧客と接してきたフロントの担当者に限らず、ミドル、バックで正確な事務処理を担ってきた人たちにも向いている業務になっておかしくない。

この店舗改革を通じて、三菱ＵＦＪは２０２０年度には１万５０００人を数えた事務部門の人員数を２０２３年度には１万１０００人まで削減し、さらに２０２５年度までには20年度比半減まで削減していく。三菱ＵＦＪの計画では、これらの「チャネルネットワークの見直し」を通じて、２０２３年度には20年度比で３００億円のコスト削減を見込んでいる。

もっとも、同銀行のある幹部は「軽量化店舗によるコスト削減効果は着実に発現するだろうが、その一方で、この店舗は何で稼ぐのか」という課題も指摘している。確かに、そうである。軽量化店舗は小規模さを武器にして地域に親しまれる存在になる可能性があるとはいえ、そのままでは店としての粗利への期待は乏しい。

これは現状、モデル改革を進めている銀行に共通して抱えている課題とも言える。しかし、だからといって、モデルチェンジを放棄する理由にはならないだろう。むしろ、銀行同士のリテール分野の闘いは、その「課題」の克服にあると言ってもいいし、今後、課題を克服できるような社会が訪れるようにも思える。それは社会の変化に応じて多種多様なニーズが生まれるからである。

モデルチェンジャー太田三井住友CEOの「強烈な危機意識」表明

それを予測して走っているように見えるのが三井住友グループである。三菱UFJやみずほが計画線の走りにあるのとは異なって、同グループの場合、新店舗への切り替えは弾みがついたようにスピードアップしていることはすでに紹介した。

じつは、三井住友銀行のモデルチェンジャーぶりが垣間見えるのは店舗戦略に限らない。本部セクションにおけるRPA導入による事務量の削減も先行しているし、高齢化社会を見据えたビジネス戦略なども独走状態に近い。

もちろん、戦略にはつねに成否がかかっている。ましてや、いま打ち出されている新たな戦略はわが国の銀行業界にとって「未体験ゾーン」への突入のような話ばかりである。

太田純・三井住友フィナンシャルグループCEO

一つ間違えば、先頭を切って走る者はそれだけ隘路に嵌るリスクが高い。

そう考えると、「じっくりと事態を見極める」という慎重な姿勢にこそ正当性があるようにも思えてくるが、それはこの20年あまり、銀行業界が革新的な動きを控えてきた際の理屈でもあった。その揚げ句に、銀行のビジネスモデルが老朽化した。構造不況業種的な評価をぬぐい切れてもいない。したがって、抜本的な手を打たずにいることは「不作為の罪」に近い。

そのような局面にあって、経営企画担当の副社長を経て、2019年4月以降現在まで、社長・グループCEO（最高経営責任者）として三井住友フィナンシャルグループの将来設計とその実現を一貫して担って加速させているのが太田純氏である。

太田氏は奥歯にものが詰まったような表現はしない。自身が推進するモデル改革推進の原動力は「強烈な危機意識」だと言い切る。

「銀行ビジネスはGDPビジネスと言われるように、基本的なビジネスのボリュームは経済活動の規模で規定されざるを得ない。我々のマザーマーケットである日本は人口が減少していく社会である。ただでさえ、パイが大きくならないマーケットだ。しかし、問題はそれだけではない。

金融の機能は今後も残っても、その担い手は誰なのか。今までは銀行が担っていたが、将来的にも、その担い手が銀行であるとは限らないかもしれない。それにもかかわらず、我々が自ら、変わっていかずに旧態依然としたビジネスモデルにしがみついていると、時代の要請、顧客の要請についていけなくなる」

確かに、商業銀行は事業構造的にもその国の経済成長を超える成長はできない産業と言われてきた。マクロ産業の特徴でもある。海外では、その制約を打破して、国の経済成長を凌ぐ成長を遂げる金融ビジネスとして投資銀行が誕生したが、わが国のメガバンクが依拠している金融の基盤は商業銀行にほかならない。

そのうえ、太田氏が指摘するように、金融ビジネスの領域にはデジタル技術と金融を融合させたフィンテックなどの新参者のみならず、流通小売り、製造業など非金融業も乗り出してきている。フィンテックは、金融ビジネスの一部を切り取るアンバンドリングという手法によって、送金などの資金決済ビジネス、あるいは、レンディング（融資）などに絞り込んでデジタル技術を駆使した競争力のあるビジネスを展開しようとしているし、非金融業はその本業で培った盤石な顧客基盤に付加価値としての金融機能を提供しようとしている。

銀行業界はかつて、新規参入者がない環境のなかで、同業同士による似たり寄ったりのビジネスモデルで需要の食い合いという痛み分けの勝負をしていればよかった。しかし、もはや、そんな牧歌的な競争環境は存在しない。生き物が生存環境の変化に適用するために進化したように、新たな時代に適用し、生き残れるようなビジネスモデルへの刷新が迫られている。これが危機意識の源泉と言えるだろう。

「行くべき先は明らか。どれだけ早く走っていけるか」

太田氏は記者会見などの場において、予め用意されている想定問答などは読まずに、つねに自分の言葉で忌憚なく考え方を表明する。何事にも用意周到さを重んじるあまり、経営者が語っても肉声に聞こえにくい銀行業界にあっては、数少ないタイプの経営者である。

そんな人柄が垣間見られた一幕があった。そもそも、傘下子会社である三井住友銀行は、三菱ＵＦＪ銀行、みずほ銀行に比べると、顧客基盤、資金量などボリューム面で劣勢な立場に甘んじ続けてきた。一方、銀行業界では、伝統的に規模の大きさが重要視されがちであり、メディアもそれにならって、銀行を比較する際には資金量、貸出残高などを用いてきている。メディアの場合、それが手っ取り早い評価の仕方だからという面もある。

２０１８年12月、グループＣＥＯ就任が決定した際の記者会見のときもそうだった。ある全国紙の記者が、太田氏に次のような質問を発した。

「三井住友グループは、資金量など規模の面で他のメガバンクに劣っているが、それをどうするのか」

太田氏は笑みを浮かべながら、間髪入れずに、この問いを一蹴して見せた。

「規模の競争の時代ではない。どれだけ新たなビジネスを生み出せるのか。その勝負だと思っている」

構想力とそれを実現していく創造力の闘いという新たな時代に移行しているのだと宣言を放ったような瞬間だった。それから2年超が経過した時点で、太田氏が語る内容は何ら変わらない。というよりも先鋭化してきている。

「単純なボリュームや規模の大きさを競い合う時代ではない。規模が大きくても漫然としていれば、淘汰されるだろう。逆に小さくても、多様化している顧客ニーズに対して的確に応えていくところは生き残る。つまり、いかにして時代が必要としているサービス、付加価値、ソリューションを提供するのかという勝負であって、それが生産性の差となり、将来的な利益の差になって現れてくるにちがいない」

そのために挑んでいるのがモデル改革というわけだが、それにしても、少なくとも、相対的にはスピード感が際立つ。いったい、その源泉は何なのか。そう尋ねると、返ってきたのは再び、「強烈な危機感」という言葉である。

「私には以前から、銀行の将来について強烈な危機感があった。このまま変わらずにいると生きていけないのではないかと」

それにしても、経営環境の変化はいまに始まったのではない。金融自由化が本格化した1990年代後半からその萌芽はあった。そのような兆しがあったにもかかわらず、銀行業界は変われなかったという経緯がある。

これについて太田氏は「規制業種という性格が影響した面があるし、その枠組みの中で、我々自身が変わろうとしてこなかったということについて否定の余地はない」と顧みながら「だからこそ」と言葉を続ける。

「近年、しばしば、『銀行は曲がり角を迎えている』と言われるが、それは正しくはない。私はすでに曲がり切っていると思っている。つまり、行くべき先は明らかであり、そこに向かって、どれだけ早く走っていけるのか。いまは、それが問われている」

視界が開けていないわけではない。すでに視界は開けていて、そこには過去とは異なる社会の光景が広がっている。したがって、挑むべき課題が何であるのかも明らかであり、あとはそれをいかに早く実現できるのかというスピードが求められているという結論である。時間との勝負と言い換えることもできる。したがって、スピード感なのだ。

それをリテール分野でいえば、次のような話になる。

「人口減少が避けられない以上、リテール分野のフィープール、すなわち、収益量は増えない。そこに、多様なプレーヤーたちが競合し競い合っていく以上、リテール分野を安定的な収益源にしていくには、損益分岐点を下げないといけない。ネットワークを低コスト化することが必要であり、店舗の業務オペレーションも極力、省力化していく。

そこで、ペーパーレス化、キャッシュレス化を追求し、支店の事務はセンターに集中化させた。これによって、店舗を小型化させるとともに、個人のお客様への相談業務に特化した態勢を組んできた」

付加価値の高いサービスを搭載するプラットフォーマーへ

一方、新たなビジネスモデルを創造していくに際しては、来るべき近未来はいかなる社会になっているのかを描くデッサン力が問われる。いかに画期的な技術を開発しても、それがマッチするような社会が到来しなければ空振りに終わる。近未来がいかなる社会になっているのかをまず描き切らなければ、それに適したモデルを考案することはできない。太田氏も「将来、こうなっていくので、このようなビジネスを構築しないといけないというアプローチをしている部分はあるし、それを外すわけにはいかない。そこはつねに意識している」という。

実際、リテール分野の改革でも、明確な将来ビジョンの策定と入念な準備を重ねたプロセスがある。三井住友銀行が同改革を検討し始めたのは2015年以前のことだった。そして、経営幹部たちが2015年に米国、欧州、アジアに出向いて、各地の銀行が導入している最新鋭の店舗モデルと、そのなかでの業務運営をつぶさに調べてきた。新たな戦略を公表した2017年よりも2年前である。

デジタル技術を駆使して店舗の小型化など劇的な変化が起きている実情を目の当たりにしてきた経営層は、店舗戦略の抜本的な見直しのシナリオを急ピッチで描いた。

新たな店舗戦略を打ち出すや、あっという間に全体の25％に相当する１０３カ店を次世代型店舗へ一挙に切り替えるというスタートダッシュを果たしているのはこのような長い前段があるからこそである。

当時の中期経営計画は２０１９年度で終了し、いまは２０２０年度にスタートした新たな中期経営計画の真っただ中にある。この策定のプロセスでも議論が尽くされた。

「現在の中期計画を策定するにあたって、１年間ほど議論を重ねてきた。目指す方向性、変えていく部分などについて、経営レベルで突っ込んだ議論を繰り返した。それをいかにして現場の行員たちに落とし込んでいくのか。これは大変な作業になることは明らかだ。もちろん、容易ではないことは全員が分かっていた。経営レベルでも『そんな改革はできないだろう』と思った人も少なくなかったのかもしれない。しかし、議論を通じて、『いかに困難であっても、それをやり遂げないとまずい』という危機感を共有することができた」

その議論を通じて描きだしたのは「情報産業化、プラットフォーマー、ソリューションプロバイダーという、進むべき三つの道だ」と太田氏は説明する。

「我々が有している莫大な情報量はバランスシートには載っていないが、大変に価値がある。それをいかにして顧客が活用できるサービスに変えて提供していけるのか。また、我々は銀行部門だけで国内の個人口座が2700万口座、クレジットカードを合計すると4300万口座を数える。国民の3分の1は顧客であるという、非常に大きなプラットフォームと言える。そこに付加価値の高いサービスを搭載するプラットフォーマーを目指す。そして、企業、個人を問わず、みなさんが抱いている悩み、課題を解決するためのソリューションを提供する。

この三つの道は別個のものではない。同じ方向に向かって絡み合っている。ここに向けてビジネスをいかに具体化していけるのか。これが現在の中期経営計画の基本的な設計思想であり、これからはその勝負になる」

高齢の世帯向け「エルダープログラム」

たとえば、その設計思想に基づいて、時代の要請に適うサービスモデルを生み出すためにグループ内に組成したのが「人生100年プロジェクト」だった。

言うまでもなく、わが国は未曽有の高齢化先進国である。高齢化する生活者が抱く多種多様なニーズにいかに応えていくのか。同プロジェクトチームは担当役員の下に、銀行、証券、信託、クレジットカードというグループ横断で営業店から公募で集めた人材で構成

三井住友銀行・「人生100年時代」プロジェクトチーム

6つの分科会からなる検討チームを、SMBCグループ横断で立ち上げ

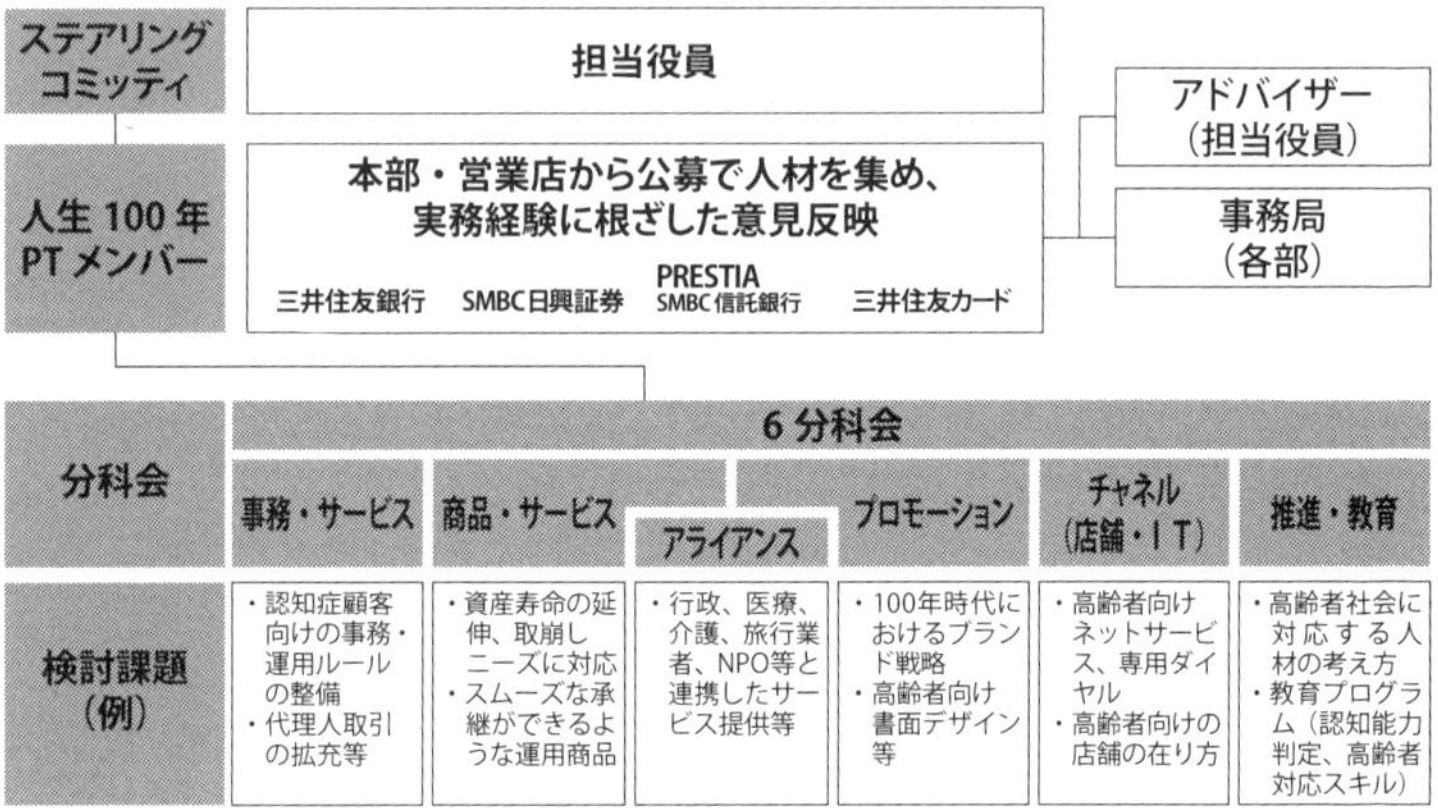

し、「事務・サービス」「商品・アイデア」「アライアンス」「プロモーション」「チャネル（店舗・ＩＴ）」「推進・教育」という六つの分科会で議論を深めた。これは、金融サービスという狭い概念にとらわれない幅広い議論となった。

そこから生み出したのが高齢の夫婦世帯、あるいは独居世帯の生活感覚に基づく多様なニーズに応えるプラットフォーマーモデル「エルダープログラム」である。

銀行のプラットフォームに提携企業の各種サービスを揃えて、高齢世帯特有の問題解消、安心のサービスを提供する。専用普通口座（１０００万円以上）を開設し、毎月９９００円（消費税込）の月額手数料を支払う顧客は、貸金庫、遺言信託など銀行のサー

ビスを優遇的に利用できるうえに、医療・介護関連、家事代行、ハウスクリーニング、ホームセキュリティー・見守りなどの生活サポートサービスをやはり、優遇的に利用できる。生活サポートサービスは、それぞれのサービスを提供している企業と銀行の提携で実現した。

要するに、高齢者が抱える多様な課題を解決するための各種サービスをコンテンツとして銀行のプラットフォームに搭載してワン・パッケージ化したわけであり、銀行業界では初のサービスモデルと言える。

SMBCエルダープログラムのご提供サービス一覧

		銀行サービス	提携・付帯サービス
一生涯の安心サポート	備える	代理人キャッシュカード・代理人指名手続	健康相談ダイヤル・セカンドオピニオン手配・受診手配サービス　無料
			水まわりや鍵トラブル等の駆け付け出張サービス　無料
			介護施設等取扱企業紹介サービス
	守る	貸金庫・貴重品保管サービスご利用料金　無料　割引	ホームセキュリティ・みまもりサービス　割引
ゆとりの生活サポート	暮らす	定額自動送金（きちんと振込）取扱手数料・振込手数料　無料	家事代行・ハウスクリーニングサービス　割引
		リバースモーゲージ型住宅ローン銀行手数料　無料	
	楽しむ		厳選旅のご相談・ご案内サービス　特典
次世代への安心サポート	想う	資産承継特約の付加　限定	終活関連サービス　特典
		遺言信託当初手数料　無料　割引	
		贈与関連サービス新規申込手数料　無料	

このプログラムの肝は、「エルダーコンシェルジュ」と呼ぶ専任の担当者を新設したところにある。

誰でも生活レベルの悩みを他人に相談することには躊躇いが生じがちである。誰にでも相談できるというものでもない。とくに高齢者はそうである。そこに銀行が有する信頼性だけではなく、定期的に訪問して、「[redacted]さん」と呼び合えるような「私の担当者」がいれば、高齢者は安心感が得られる。それが専任の「エルダーコンシェルジュ」である。

しかし、この役割は誰でもできるわけではない。相当にハードルは高い。そこで、２０２１年４月の開始時点で約２００名となったエルダーコンシェルジュたちは、従来、支店で資産運用、相続などの相談業務に精通した女性陣からの志願者から選ばれた。

従来、高齢化問題に対する銀行のビジネスといえば、「老後のための資産運用」「相続」といったように、狙い定めたような単発的なものが多かったと言えるし、そのなかでは、お仕着せ的なセールスが少なくなかった。そこで、逆に顧客からは疎まれることすらあったと言える。この点、同プログラムは寄り添い型の問題解決モデルだ。その成功はサービスの設定とエルダーコンシェルジュたちの手腕にかかわっている。

いかに経験も実績も豊富な精鋭ばかりを集めたエルダーコンシェルジュといえども、新たなスタートである。従来の相談窓口の業務とはかなり質も異なる。そこで、開始直前まで銀行では、集合研修、リモート型の研修を組み合わせて、エルダープログラムの商品概要、関連金融商品、ジェロントロジー（老齢金融学）検定、さらには実践型のロールプレイングを実施。３月、東京本部ビルの大会議室で開催された研修では１００名ほどの女性行員が講師の話に聞き入って、立ち居振る舞いなどのポイントを熱心にメモする光景がみられた。

4月の着任後も業務フローの復習や、自己発信、店内連携の仕方などの推進事例の共有化、コンプライアンスの再徹底を目的とするフォローアップ研修を実施するという念の入れようである。

預金から投資信託へ、営業目標が変わっただけだった

ビジネスモデルの抜本的な刷新は銀行員の働き方に劇的な変化を伴うこともある。それを営業現場にソフトランディングさせるには、発想の転換まで目的化しなければならない。そのためにも、新たな研修プログラムなどが必要になる。

それは、白地のキャンバスに新たに絵を描くのではなくキャンバスに描かれた過去の下絵を消し去って改めて筆を入れ直すような話である。過去の下絵に執着すると、異なるタッチで描かなければならないことの支障になりかねないのと似て、過去の成功体験を捨てきれないと発想の転換が阻害されることすらある。

その意味では、完全に新たな業務を始めるケースよりも、むしろ、既存業務の改革パターンのほうが厄介な面がある。発想をきちんと転換できるまでの作業を要することになる。

三井住友銀行は、それを長丁場でじっくりと成し遂げている。個人向けリテール分野の現場で中核的な業務となっている資産運用ビジネスの質的な転換プロセスが、その一例である。

本書では、1960年代型モデルという表現を用いて、従来の銀行モデルが老朽化し時代遅れになっていた実情をみてきた。その象徴といえるのが営業目標、場合によっては営業ノルマにほかならない。なかでも、近年、しばしば問題視されてきたのが投信販売の営業目標だった。

1960年代に象徴される高度経済成長期には企業の旺盛な資金需要に応えるべく、銀行の支店ネットワークが預金獲得の歯車になっていた過去の実態については前述した通りである。過酷と言える営業目標が設定されて、支店に配属された銀行員は昼夜、預金集めに奔走し続けた。それから約半世紀が過ぎて、預金に代わったのが投信だった。

企業の新規需要は大きく後退して預金吸収の必要性が減じる時代となったなかで、銀行は預金と貸し出しの利ザヤ縮小による資金利益の落ち込みを投信販売による手数料収入の強化で穴埋めするという動きを強めた。その際、投信販売強化のために営業部門に課されたのが営業目標だった。

大きな時代の変化のなかで、銀行は変えるべき仕組みを変えずに、商品だけを入れ替えたということになる。しかも、投信は預金とは本質的に商品性が異なっている。預金は銀行の営業担当者に頭を下げられてやむを得ず協力したとしても決して損することはない安定的な利殖手段だが、投信は元本保証ではない。預け入れた顧客の資金は減ってしまうこともある。

ところが、銀行業界の売り方は預金と変わらなかった。投信販売にも営業目標、しかも、販売によって得られる手数料収入の目標を設定した。これは、あまりにも浅はかすぎる1960年代型モデルの盲目的な踏襲だったと言わざるを得ない。

結果として、この手数料収入ベースの評価体系の下で投信販売は大きく歪んだ。預金集めではどうにか辻褄があっていた顧客と銀行の利害は完全にかみ合わず、顧客からの信頼は落ちて、銀行員も胸を張れなくなった。老朽化モデルは、マイナスの生産性どころか、品質面にマイナスをもたらすと言う問題が露呈したと言える。

収益目標を廃止し、個人目標を撤廃

この由々しき問題に対して、いち早く、是正に動いたのも三井住友銀行だった。2019年度、同銀行は投信販売について、収益評価を廃止し、併せて個人への営業目標も撤廃した。1960年代型モデルからの脱却である。ただし、これは一朝一夕で実現したわけではない。本部から営業現場の末端までしみ込んだ価値観の抜本的な修正であり、キャンバスからすでに描いた下絵を微塵もなく消し去るところから始めざるをえない作業だったからである。

「回転型販売によるフロービジネスから預かり資産を増強していくストックビジネスへと、投信販売のあり方を変更することはかなり以前に決定していた。個人の業務目標撤廃はそれに適合した新たな営業モデルの確立にほかならなかった。しかし、そのために随分と時間を費やした」

太田氏もこう振り返るように、同銀行は2019年度にテイクオフするために長い滑走路を走り続けざるを得なかった。というのも、個人目標とその実績に対する評価体系は営業の歯車を回すための伝統的なエンジンである。個人目標の撤廃などはそのエンジン部分を入れ替える作業にほかならない。

燃費や環境対策として、エンジン駆動を取りやめるという判断はできても、自動車を動かすにはエンジンに代わる駆動装置の搭載が必要であるように、個人目標と連動する業績評価を撤廃するまでには、それに代わる価値観を営業現場のみならず、本部セクションにもきちんと浸透させる必要があった。

まず、業績評価に改善のメスを入れたのは２０１５年度である。１００を超える商品ラインナップのなかで、その販売手数料率は「１％～４％」という幅があり、業績評価はその料率に基づいていた。料率が高い商品を販売するほど業績評価はあがる仕組みと言える。それでは顧客の意向よりも業績評価に重点を置いた販売が誘導される。そこで、この方式を改めて業績評価上では料率を一本化した。

さらに、翌年には販売のフロー収益だけではなく、「ストック収益資産残高」を業績評価項目に追加した。販売額一本の評価体系でも従来の回転型販売には歯止めがかからない。そこで、顧客が同一商品を保有しつつ、さらに別の商品の購入することなどで得られる資産残高の伸び率を評価項目に加えたわけである。

続いて、２０１７年度から２０１８年度の2年間を費やしたのが、販売収益の業績評価ウエイトの引き下げである。そして、それまでの効果を見極めて、ようやく、２０１９年度になって収益評価を廃止し、個人目標を廃止できた。

その間、リテール部門が並行して取り組んだのが営業担当者などに発想の転換を定着させるための研修だった。２０１９年度の最終的な変更の直前には、異例と言える形式の集合研修も行っている。なんと、その対象は支店長である。

「支店長は業務運営、人材育成という両面で現場の要であり、そのレベルの考え方を確固たるものにしたかった。そこで、全国の支店長を分散して集めて、営業目標を撤廃する方式への円滑な移行を果たすために、4～5人単位のグループに分けて、悩みや意見を交えて議論する研修を行った」と、当時、リテール部門担当役員は語っていた。

入念な準備である。かくして、収益目標を廃止し、個人目標を撤廃したのだが、それは方針を決定してから4年超の準備期間を費やしてのテイクオフだった。

誰が見ても投信販売の問題点ほど明らかなものはないだろう。しかし、それでも抜本的な改革に挑もうとしない銀行が少なくないのは「個人目標を廃止したら、営業現場の販売力が落ちる」という理由からである。しかし、1960年型モデルの残滓のような仕組みに代わるものを構想して、それをきちんと軌道に乗せるまでの粘り強い創造力があれば、ことはなせるということを、三井住友の取り組みは示している。

それだけではない。この長丁場と言えるモデルチェンジの挑戦からは、経営レベルが将来像とその新たな価値観への明確なデザインを描き、それに基づいて、各事業を担う各部門がそのつどの状況に適した手を打っていくというプロセスもみえてくる。やはり、変化する時代にも持続可能性があるモデルを構築していくために必要なのは、分散型的なアジャイルな取り組みである。

社内ＳＮＳで縦横無尽の人間関係が生み出される

そして、最後に残るのは銀行員のメンタリティーの変革である。表現を変えると、本部の押し付けではなく、ビジネスを支える営業現場がモデルの変革の必然性を腹落ちして理解するまでの変革だし、その変革を通じて硬直化した発想から解き放つための変革である。

これについて、太田氏はこう断言する。

「世代の問題もあるが、メンタリティーは変わってきている。昔のように、本部や上司が『右向け右』と言っても、なかなか、そうはならない。出世とか、収入とか、一つの価値観ではなかなか動かない。たとえば、自分の仕事がどのように社会に役に立っているのかを考えて、エンゲージメントを意識する人たちがとても増えている」

「これは決して悪いことではない」と太田氏が言うように、多様化の時代には適した変化であるし、時代遅れのビジネスモデルをきちんと意識できる土壌でもある。

「いろいろなことをやりたい人も増えている。平日は日常業務に従事しながら、休日にはＥＳＧを勉強したり、あるいは、地域おこしなど社会問題解決のためのＮＧＯに参加したりしている人たちが多い。そういう人たちの隠れた才能、能力をいかにして引き出していくのかが組織としては重要となっている」

そのために、太田氏の肝いりで創設したのが社内SNSである。

「立ち上げの時、私は社内ビデオで『これは学校と同じであり、日々の仕事は正規の授業だから、きちんと受けよ。しかし、SNSはクラブ活動だから、みんなが好きなことを好きな時にやればよい』という話を流したが、期待していた以上に参加者があり、内容も非常に面白い。ここからビジネスアイデアが提案されたりしている。それを読んでみたら、とても興味深かったので、私は『これをビジネス化しろ』とアドバイスしたほどだ。いま、社内SNSは2万人ほどが見ていて、このうち、6000人のヘビーユーザーが好き勝手にやりあっている。

たとえば、ある法人営業部の若手クラスが『顧客企業がこんな問題を抱えて困っている。なんとかしたいのだが』と発信したら、異なる地域、セクションの数多くの職員たちが『こうしたらどうか』という提案を次々に書き込んできている。そのようにして自然発生的にグループ、社内コミュニティーのようなものができて、そこで新規事業など様々な検討を始めたという経緯もある。

従来型では銀行は縦の人間関係しかなかった。しかし、SNSを通じて、縦、横、斜めというように地位とか、所属は関係のない縦横無尽の人間関係を生み出してきている」

銀行のビジネスモデルを刷新するデジタライゼーションの波は、銀行という組織の中にある既存の壁をぶち抜いて、職場に新たな議論のコミュニティーを生み出していることになる。この面からも銀行員の「働き方改革」は進展するにちがいない。

5年後、わが国はどのような社会になり、そして、企業はどのように変わっているのか――。太田氏は、最後にこのように近未来を描いてみせた。

「デジタル化がさらに進んでいて、社会や人の行動の様式が変わっているだろう。銀行もこれまでの対面主体からキャッシュレスなどを通じて非対面化が進むと同時に、サステナビリティー（持続可能性）は決して見過ごせず、それへの傾斜が急速に強まる。人々の考え方も変わり、ビジネスシーンではかつてのモーレツ社員ではいよいよなくなっていく。価値観はさらに多様化していくにちがいない。ステレオタイプのビジネスはできず、テーラーメイド型のビジネスに変わっていく。その変化に適したように、法制度も含めて新たな金融をいかに作っていくのかというダイナミックな局面が訪れる。

そうしたなかで、私は一人ひとりがそれぞれの夢を追いかけることができるような職場にしたい。したがって、リジッドなものであってはならないし、過去の仕組み、枠組みにとらわれてもいけない。数字のために仕事をやっていると無理が出る。顧客のニーズを聞いて取り組んでいると、最後に利益につながるというのが本来の姿である。それを実現することはむずかしいが、しかし、理想はそうだ。理想に近づくためにも自分たちの力をつけていく。グループ全体で力をつけていく」

この理想には、やはり、モデルチェンジが欠かせない。そこで、三井住友グループは走り続けている。三菱ＵＦＪグループもみずほグループもやはり、挑戦に向かっていることはまちがいない。

そのなかで、いま、三井住友グループの速度が勝っている状況が際立っているとはいえ、まだ、変革のレースは始まって間もない。たとえば、三菱ＵＦＪは試行的に開始した新たな店舗スタイルであるＮＥＸＴ ＳＴＡＴＩＯＮを一挙にバージョンアップする動きに出た。今後、同グループは一挙にスピードアップするかもしれない。

みずほグループは２０２１年に発生させた一連のシステム障害の逆風は大きく、そのなかでは深刻なほどの組織の硬直性が露呈した。みずほが誕生して以来、最大の危機局面と言っても過言ではないが、自力回復の余地がないわけではない。

危機意識をきちんと内部で共有化することによって覚醒し、硬直的な上意下達のマネジメントを自らの手で崩壊させれば、出直しは可能だろう。危機意識はそのまま、みずほが一丸となってモデルチェンジャーに変われる土壌にならないといけない。

第6章

山陰の地銀、大阪の信金の型破りな挑戦

地銀の経営効率化、待ったなし！

ビジネスモデルの刷新は容易に実現できるものではない。試行錯誤が繰り返される可能性はあるし、それが営業現場に浸透し定着化するまでには相当の時間を要するにちがいない。しかし、時代にそぐわない非合理なモデルがビジネスの本質を歪める。やはり、経営者には挑戦が求められている。

地域金融の世界もそうである。地域金融機関は、基本的に都道府県別に本拠地を構える地銀、第二地銀という地域銀行のほか、さらに狭域のエリアで活動している信用金庫（以下、信金）、信用組合（以下、信組）などがある。地銀、第二地銀は株式会社であり、信金、信組は非営利の協同組合組織という違いもあるが、いずれも大きな変化を遂げている地域社会の真っただ中で活動していることに変わりはない。

地域社会には社会構造の変化が如実に表れている。これは今に始まったものではない。過去にも基幹産業の盛衰が企業城下町の色合いを決めてきたし、過疎化や住民の高齢化なども地域によって際立っている。首都圏、近畿圏などの都市部から離れるに伴って、地域経済の疲弊は深刻化しがちだ。人口・事業所数の減少が激しく、それは経営状況に如実に反映せざるを得ない状況となっている。

もっとも、都市部も課題を抱えている地域が少なくない。商店街の衰退現象である「シャッター街」化はジワジワと広がってきているし、独居老人の比率も高まり続けている。地方、都市部がそれぞれ、社会構造の変化の波にさらされ、そこで活動する地域金融機関の経営にも大きな影響を及ぼし続けている。

そこで、金融庁が近年、地域銀行に迫っているのが「持続性のあるビジネスモデルの構築」である。これは「従来のままのビジネスモデルでは先行きが危ぶまれる」という監督官庁による懸念の表明と言っていい。

金融庁は「そのための選択肢はいくつかある」と言い続けているものの、合併・経営統合による経営の刷新を促していることはまちがいない。それもあって、各地で地域銀行の経営統合が断続的に起きている。合併もあるが、多くは持ち株会社形態に移行して、その傘下に母体の銀行が別個にぶら下がるという形態の経営統合が多い。

これに対して、金融庁のなかには「統合という形式だけ整えても効果は乏しい」という見方がある。「経営統合によって、重複部門の一本化などのコスト削減がなされなければ意味はない」と考えているからだ。

事実、金融庁の調査によれば、地域銀行の過半数は、預金を貸出に回したり、投信などの金融商品を販売したりして得られる「本業収益」が赤字化している。しかも、その傾向には歯止めがかからないでいる。

収益力の悪化に伴って経費率（ＯＨＲ）は上昇を続けて、いまや、１００％を超えるレベルまで達してしまっている向きからある。そこまでいかずとも、70％、80％という大台に乗ってしまった地域銀行は多い。ＯＨＲが上昇したからといって、直ちに経営状況が危ぶまれるというわけではないものの、企業としての効率性が阻害されていることは否めない。もちろん、その悪化に歯止めがかからなければ、次第に経営状況への懸念が増してくる。

そこで、金融庁は２０２１年、金融機能強化法を改正し、合併・統合を決断した銀行などへの実質的な助成金である交付金給付制度を導入し、日銀は抜本的な経費削減を条件に日銀当座預金の付利面で優遇する仕組みを創設した。いずれも、効率化を促すことが目的である。

これらによる後押し効果もあって、この先、合併・統合や経費削減の動きが加速化する可能性があるが、それで十分というわけではない。やはり、ビジネスモデルの再構築が必要だからだ。

しかし、メガバンクグループよりも、地域金融機関のほうが刷新の難易度は高い面がある。地域に根を張った取り組みを追求するほど、そこには一定の非効率さが必然的に伴うなどの独特の事情があるからだ。したがって、地域銀行などにはメガバンクグループとは違ったアプローチも必要になってくる。

山陰合同銀行の「あっ!」と驚くモデルチェンジ

それでは、地銀など地域金融機関の「持続可能なビジネスモデル」へのアプローチはいかなるものなのか。近年、その問いの回答を提示するかのように、前例のない戦略を打ち出す銀行が現れている。

島根県、鳥取県を地盤とする山陰合同銀行はその一つである。山陰地方のトップ銀行であり、地域に根差した堅実な経営に定評がある。いかにも地銀らしい地銀と言える。しかし、その一方で地盤とする二つの県は鳥取県が人口の少ないトップ県であり、島根県はその次に少ない。地方型経済社会の典型的な地域と言っていい。

そこで、同銀行は2021年3月までの中期経営計画の通りに、33カ店の店舗統廃合などを通じて戦略的なコスト削減を進めてきた。それもあって、OHRは2021年3月には60・58%まで低下し、さらに2022年3月には57・79%まで引き下げていこうとしている。

そんな山陰合同銀行を巡って、金融業界が「あっ！」と驚き、目を見張った出来事が起きたのは２０１９年８月26日のことだった。証券業務について野村證券と包括的な業務提携を締結することを発表したからである。

地銀業界ではそれまでも、証券会社と提携し合弁形態の証券子会社を設立したりする動きはあった。したがって、証券会社との提携は目新しい話ではない。しかし、この包括業務提携の内容は斬新だった。山陰合同銀行が野村證券の金融商品仲介者として提携し、同銀行と野村證券が山陰地域で融合するというモデルであるからだ。

１９８０～90年代にかけて欧米で起きた金融革命を巡って、当時の欧米諸国では、その革命的な動きをメタモルフォーゼという言葉で象徴的に言い表した。さなぎが蝶へと姿を変える変容であり、昆虫の変容は、殻にこもったさなぎが一度、溶けて再生するプロセスを経るケースもあると言う。

つまり、メタモルフォーゼは生物としての劇的な変化である。ギリシャ神話の「テセウスの船」（より良い船を目指して改良を重ねて、ある時、以前とはまったく異なるものになっていたというパラドックスの逸話）を彷彿させるような変化である。当時の金融革新は、それほど激しい金融革命ととらえられていた。

山陰合同銀行が挑んだのは、これに類するようなモデルチェンジである。具体的に言え

野村證券を委託金融商品取引業者とする
山陰合同銀行の金融商品仲介業務

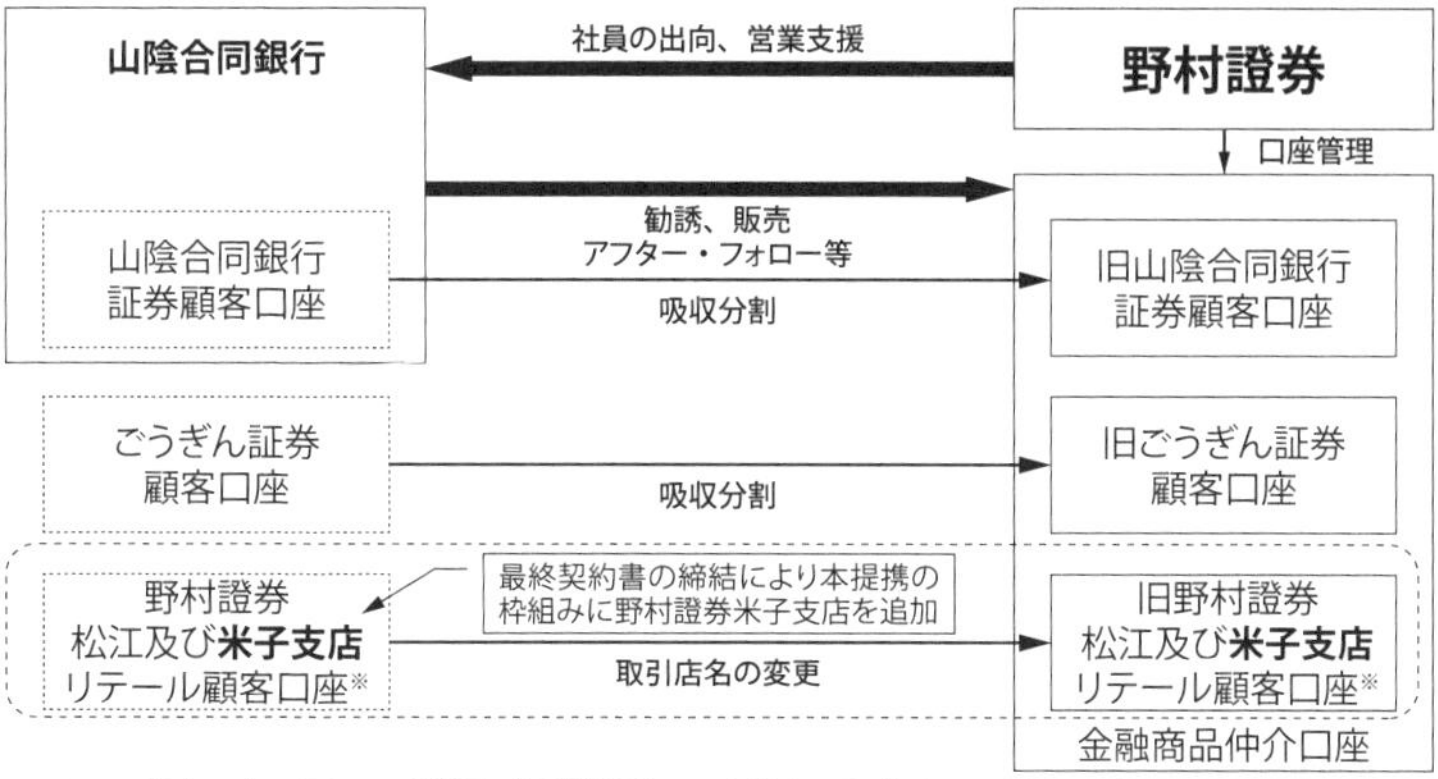

※リテール顧客口座：個人のお客様及び金融機関等の一部法人を除く法人のお客様の口座

ば、山陰合同銀行、その証券子会社である「ごうぎん証券」が有する顧客口座を野村證券の専用口座に移管する。同時に、同銀行の投信販売などの預かり資産業務部門、ごうぎん証券、さらに野村證券の松江支店、米子支店の機能を統合して、同銀行が新設した「アセットコンサルティング部」を中心とした運営に一本化させる。

地銀の証券業務に関して、これほどスケールが大きいビジネスモデルの刷新は過去にはなかった。もちろん、支店機能、人材などを事実上、その地域の銀行のプラットフォームに移すということは野村證券のみならず、証券業界としても初の挑戦である。したがって、このニューモデルが発表されるや、メディアなどはそのエッセンスを消化しきれなかった面もある。しかし、山陰合同銀行は、明確なビジョンを描いたうえでの決断だった。

赤字体質から抜け出すための決断

このモデルは2020年9月23日に開始した。それから9カ月余りが経過した時点で、山崎徹・山陰合同銀行頭取はその狙いを明確に説明する。

「目的は二つだった。地元の顧客に品質の良い証券サービスを提供することと、そのビジネスモデルを持続可能なものとして成立させること」

証券業務に限らず、地銀が追求するエッセンスのすべてが凝縮された言葉と言える。なにしろ、地銀の最大の価値は地域からの信頼である。それを守るためには、高品質のサービスを提供して、地域の顧客の満足度を維持・向上していかなければならない。と同時に、企業としては、その取り組みを継続できるような、安定的に収益を生み出せるモデルでなければならない。

たとえば、いかにサービスレベルが高品質であっても、収益貢献がなく、あるいは、貢献することがあってもきわめて不安定であるとすれば、事業規模を縮小したり、場合によっては断念せざるをえなくなったりするかもしれない。

かつて、銀行業界では「総合採算」という発想が根強かった。これは取引先ごとにもそうだったが、銀行全体でも個々の取引の生産性に頓着せずに「総合的採算が取れればよい」という牧歌的な考え方があった。じつは、それだけ銀行には余裕があったのだが、いまや、時代は大きく変わって、収益基盤のベースである貸出は伸び悩み、預貸金利ザヤも悪化の一途にある。

さらにいえば、日銀がマイナス金利政策に及ぶ超低利金利政策に踏み切る以前には、預金流入額が貸し出しの増加額を大きく上回ったとしても、その超過部分は銀行間の資金貸借市場であるインターバンク市場に放出して運用すれば一定の収益を生み出すことができた。流動メリットと呼ぶものだったが、いまや、長きにわたってインターバンク市場も金利が圧し潰され、流動メリットは失われている。

地方経済の悪化もさることながら、これは地銀にとって過去に前例のない厳しい経営環境である。そうしたなかで、総合採算的な発想はいつの間にか消えて、銀行は部門ごとにきちんと収益を稼ぎ出す必要性が増した。

山陰合同銀行が預かり資産業務と呼ぶ証券ビジネスもそうである。すでに地銀業界では、証券業務を本業の一つと位置付けている。山陰合同銀行もその立場から、2015年には、証券子会社であるごうぎん証券を設立して事業基盤を拡大していた。銀行本体によるビジネスと子会社との二枚看板の態勢である。

低かった証券ビジネスの顧客満足度

ところが、である。銀行本体、証券子会社という二つのチャネルともに、赤字体質を抜け出せず、また、法人向け融資など他の業務に比べると、顧客満足度が相対的に低いという問題意識を抱かざるを得ない状況があった。

これは、同銀行だけではなく、多くの地域銀行が直面している実情と言える。主要業務の一つになったとはいうものの、預金、貸出などに比べるとその歴史は浅く、ノウハウが蓄積されているわけではない。しかも、証券ビジネスに独特のシステム、事務処理が必要であり、したがって、損益分岐点は高い。

そこで、同銀行がそうだったように、自前のシステムは持たずに外部委託するケースも少なくないが、それでも、費やさざるを得ないコストは相当に重たい。ましてや、証券分野では顧客本位の業務運営を徹底するにつれて、コンプライアンスコストは増し続け、また、関連制度が変更になるたびにシステムの改良コストが発生する。コスト高という構造問題は解消どころか、深刻化する一方と言っていい。

それだけではない。主力商品である投信の販売手数料は低下傾向にあるうえに、顧客が保有期間に応じて得られるストック収益である信託報酬（あるいは、代行報酬ともいう）にも引き下げバイアスが強まってきている。つまり、取引あたりの収益率は低下する一方で、そのための業務運営コストは増していくという構図だ。従来のモデルである限り、事業継続は容易ではない。

そうしたなかで、地銀に限らず、投信などの販売を行っている企業で叫ばれているのが「販売力の強化」である。合理的な戦略のようにも聞こえるのだが、実態はそうではない。多くの場合、この路線の下で営業現場では大いなる矛盾、歪み、疲弊が生じている。

顧客ニーズを棚上げして、手数料率の高い商品を優先する強引な売り込み、商品説明をわきに置いた「懇願セールス」などを助長したり、あるいは「ハイリスク・ローリターン」であり、手数料が不透明と指摘され続けている仕組債を販売したりという状況である。

仕組債の販売について、金融庁は「投資信託等の販売会社による顧客本位の業務運営のモニタリング（令和2年度）」（2021年6月公表）のなかで「地域銀行で増加傾向、残高は高止まり」と指摘している。ここからは、不明朗な商品が地域銀行に定着しかけている実態が垣間見られる。

そのようなハイリスク商品の販売を主業としていると明確に打ち出していても、眉を顰めたくなる話である。ましてや、地域の信頼を基盤に置く地域銀行であれば、目先の利益のためにかけがえのない企業価値を棄損しかねない。

赤字体質のままでいいのか。それではビジネスとしての持続可能性は期待できない。山崎氏は悩み続けていた。そして、その難題の解として見出したのは自らが金融商品仲介業に転身するというウルトラCだった。

金融商品仲介業者として野村證券と組むメリット

金融商品仲介業は2003年、当時の証券取引法（現在、金融商品取引法）改正で制度が作られ、翌04年に法施行とともに誕生した。

一定の条件を満たして国に登録すると、証券会社との提携によって、投信などの証券商品の仲介ができる。仲介で販売した収益は提携証券会社と分け合うことになるものの、事業に必要な一連のシステムなどのインフラは、提携した証券会社のそれを活用でき、業務運営コストは飛躍的に軽減される。

その仕組みをベースにして、同銀行の証券顧客口座、ごうぎん証券の顧客口座だけではなく、野村證券の松江、米子支店のリテール顧客口座も同銀行が業務運営するセクションに一本化させ、かつ、野村證券の金融商品仲介口座に移管して口座管理を外出しする。つまり、システム、管理業務などのコストが発生するバックオフィス業務の大半は野村が担う。

これによって業務運営上の桎梏から解放されて、赤字体質からの脱却による持続可能なビジネスへと変わる。同時に営業現場が歪むような販売力強化を回避し、顧客ニーズに応えるという高品質の証券サービスを貫くことができる。まさに二兎を同時に追える基盤が整うことになる。

ところが、銀行内では異論も出たと言う。

「長年培ってきた顧客を大切にする社風がアライアンスモデルでは損なわれるのではないか」といった慎重論も出たし、提携モデルでは同銀行から一切のシステムがなくなってしまうことに対する懸念も議論された。

確かに、システムを全廃するというのは「ルビコン河を渡ったと言ってもいいほどの決断であり、逆戻りは効かない」と山崎氏も語る。

しかも、地域銀行、なかでも山陰合同銀行のような有力地銀は地域のトップバンクであるだけに、銀行としての装備はきちんとそろえるべきという発想が根強い。自身が金融商品仲介者になって、管理口座を野村に外出しするというモデルには拒絶感が芽生えやすい。

山崎徹・山陰合同銀行頭取

それを乗り越えるために相当のエネルギーを要しただろうことは容易に想像できる。

いま、山陰合同銀行が得たものは少なくない。第一に、目指した通りに提携モデルのビジネスを開始して以後、預かり資産ビジネスはようやく、赤字体質を脱却できた。

加えて、野村からは松江支店、米子支店などの社員約90名が出向形態で業務に従事している。提携前は同銀行職員だけで360名の体制だったが、いまは210名の同銀行職員と野村の90名による300名体制である。つまり、150名の職員は法人向け融資などへの戦略的な再配置ができた。

「出向者と当行職員との融合は予想以上にスムーズに進んでいる。出向社員には、スキルで見劣りする当行職員がスキルアップするような指導をも日常的にやってもらっている。また、野村が有する様々な営業ツールも提供されているし、私たちが単独ではできなかったマーケット分析も提供してもらっている」

そうしたメリットを得ながら、しかも、顧客と接するフロントはきっちりと山陰合同銀行がグリップしている。したがって、顧客から見えるのは、あくまでも地元銀行の「ごうぎん」が提供する地銀ならではのサービスである。

まったく新しい「銀・証提携モデル」として広がる

「どの階層をターゲットにしているということはない。しかし、いままであまり手が届いていなかった超富裕層にも提案できるようになるだろう。一方、資産形成層には積立型投信をお勧めして、かなりの実績が上がっている。野村證券も『一日で、こんなに件数が積みあがるのはどういうことなのですか』とその実績状況には驚いている」

このように近況を語る山崎頭取はこのモデルを改めてこう定義づけしている。

「我々にとって良いことは野村にも良いことでなければならないし、私たちに悪いことは野村にも悪いことでなければならない。そういうパートナー型のモデルだ。これは他の銀・証提携モデルではなかった関係だろう」

そのベースにあるのは、顧客からの信頼性、顧客の満足度を重視する地銀本来の発想である。既存の観念にとらわれずに、時代の変化にマッチしたベスト・プラクティスを追求している。

山陰合同銀行に続いて、徳島県の阿波銀行が同様のモデルを開始している。証券リテールのメタモルフォーゼは広がりつつある。

山崎氏が得ている手応えは野村證券にもある。新井聡・同社副社長は「ストック資産純増額、積立契約など、事前の想定を大きく超えるペースで進捗している」とモデルの果実の大きさを強調したうえで、次のように語っている。

「当社が持つ証券口座は銀行口座に比べると少なく、証券会社だけでできることには限界がある。地銀と組むことで相当のプラス効果が出ている」

程度の差はともかく、「できることの限界性」は銀行にもある。それは顧客に提供できるサービスのすそ野の広さ、さらに品質面の限界でもある。それを相互に補完すれば、限界を超えて、より魅力的なサービスの提供が実現できる。山陰合同銀行・野村證券のモデルはそれを示していると言えそうだ。

ところで、地銀の役割を考えてみると、各地の経済・社会のゲートキーパーという側面が高まっているように思える。

金融が日進月歩で進化するなかで、素晴らしいプレーヤー、あるいは新たなビジネス、商品が開発されてきているが、逆に複雑でリスキーであり、さらには不明朗なビジネス、商品であっても美辞麗句であふれた謳い文句で地域に持ち込まれるリスクが生じている。それもまた、現代金融の一断面だ。

顧客からの絶大な信頼を得ていれば「気を付けないといけませんよ」とアドバイスし、顧客、そして、地域を守ることもできる。そんな金融パーソンを育て上げるためにも、コスト構造を革新して信頼をさらに向上させる営業プラットフォームの質的な強化が求められているように思える。山陰合同銀行によるチャレンジからはその道筋が見えてくる。

金融機関の伝統を超えた活動をする枚方信用金庫

地銀よりもさらに狭域のエリアで活動している信金、信組のなかにも、時代の変化に適合して、自身の役割を積極的に描き直しているところがある。じつは、狭域エリアに密着した取り組みをしている金融機関こそ、進化を遂げてきているという言い方もできるほどである。

その代表格と言えるのが枚方信用金庫である。大阪の北河内地域を地盤としている中堅

巡リズムのスキーム

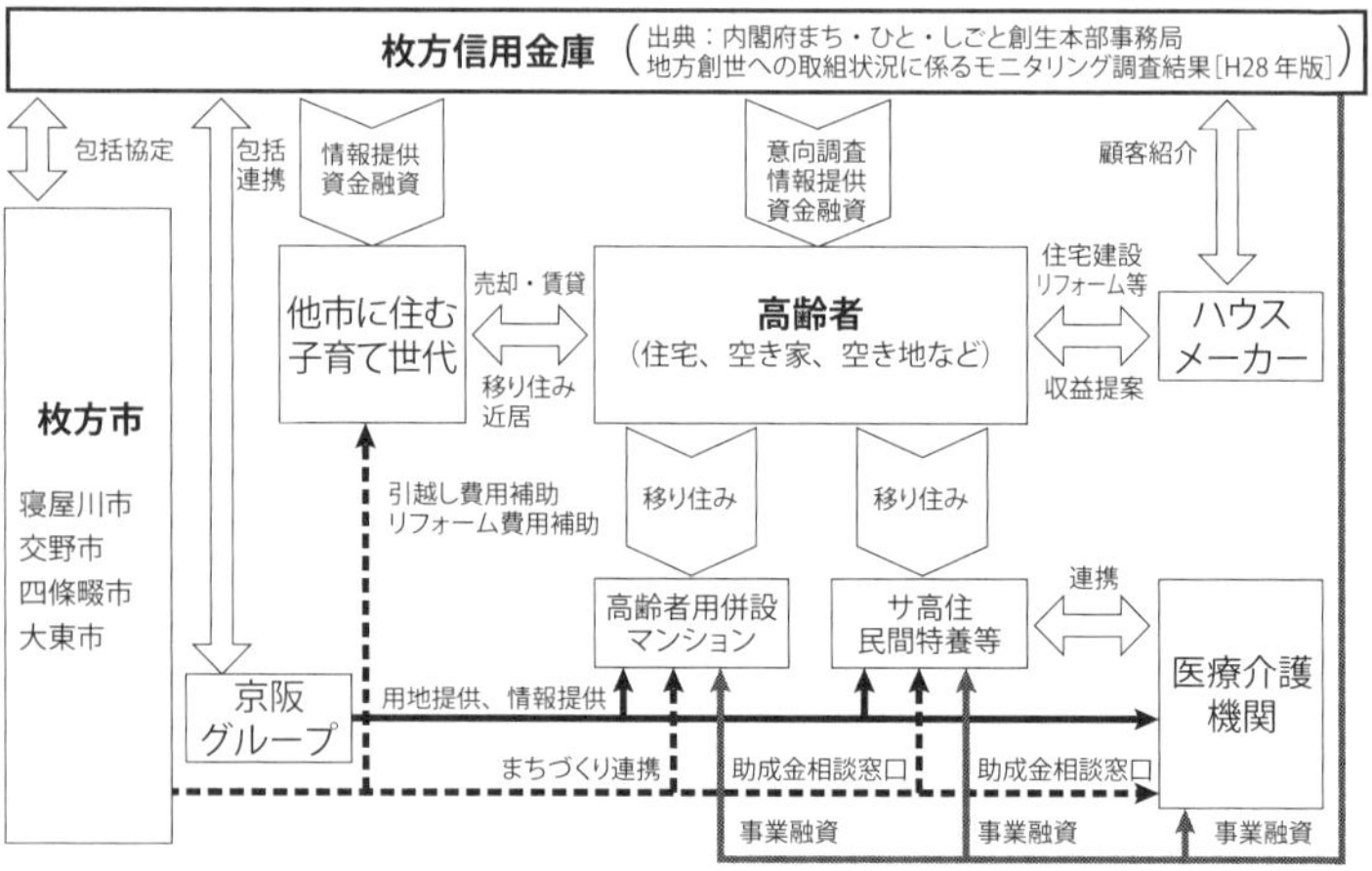

クラスの信金だ。同信金が地盤としている枚方市など北河内7市は京阪本線一本で大阪中心部に通勤できるなどの地の利の良さもあって、郊外のベットタウンとして発展した。門真市などは、パナソニック、シャープなどの企業城下町としても栄えた。しかし、近年、その状況は大きく変わっている。

団塊の世代が定年退職年齢を迎えたいまは、地域住民の高齢化が進んでいる。基幹産業の衰退などでかつての賑わいが消えてしまった地域もある。それに伴って、様々な社会問題が生じてきている。

そうしたなかで、地元金融機関として、地域の活性化のために立ち上がったのが枚方信金にほかならない。同信金が取り組んできた活動はもはや、金融機関の伝統的な領域には収まらないと言っても過言ではないだろう。

たとえば、戸別訪問して顧客などの声を拾っていく日ごろの活動を通じて、同金庫がモデル化したのが「巡リズム」と名付けた地域の問題解決のための連携プラットフォームである。

高齢者世代が地域内の、サ高住（サービス付き高齢者向け住宅）、民間版特養（特別養護老人ホーム）などの高齢者専用住所に移り住み、所有している住宅を売却、賃貸、取り壊しなどして、子育て世代の地域外からの移住を促していく。

そのためにも、枚方市、寝屋川市、交野市、四条畷市、大東市の5自治体と包括協定に基づく事業連携実現したほか、京阪鉄道グループや地域の医療・介護機関、ハウスメーカーなどとも連携した。

地域で独居老人の孤独死という悲劇の発生や、それによって生ずる空き家化などを防ぐとともに、若い世代の流入を実現して地域を活性化するという、まさに「移り住む」モデルである。そして、その過程で発生した建設資金需要などに融資で応えていく。

コロナで苦闘する事業者へのタイムリーな支援策

その取り組みからみえてくる枚方信金の独自色はいくつかある。第一に地域のプラットフォーマーとしての発想であり、第二には、どこよりも早い時期に動いている先見性だ。しかも、それらの行動にはデータの分析の裏付けがあることも独特である。

「巡リズム」についても、2016年4月からの半年間で高齢者宅4648件をローラー方式で調べて、その状況をデータベース化した。その後、さらに拡大させて、2万件ほどの住まいや暮らしに関するアンケート調査結果をデータベース化している。これによって、地域の近未来をリアルに描くことができ、それに基づいた対策を練り上げ、打ち出していく。

銀行など金融業界では最近、「データバンク」構想などを打ち上げているが、残念ながら、金融業界は自身の経営にデータベースを生かすというアプローチは伝統的に乏しかったと言わざるを得ない。そのなかで、枚方信金は相互扶助という伝統的な協同組織理論を踏襲しながら、科学的な取り組みをしている希少な金融機関と言ってもいいだろう。

この独特のアプローチは最近でも光っていた。新型コロナ感染症が深刻化し始めた

吉野敬昌・枚方信用金庫理事長

２０２０年3月、職域サポート契約先６０３０社を対象に「緊急アンケート」とヒアリングを実施し、事業への影響度、緊急融資希望の有無などを細かく聴取して、その内容を集計・分析していくなかで、タイムリーに支援策を打ち出した。

　たとえば、支援融資の実行はもちろん、それよりも早く、同信金が先頭に立って動いたのはサプライチェーンが寸断されて部品や資材が仕入れられずに困り果てている事業者への支援だった。

　たとえば、吉野敬昌・同信金理事長は、当時をこう語る。

「建設業者が新築物件の引き渡し直前になってトイレ、ユニットバスなどの資材の供給が得られないために完成できず、売り上げが立たないどころか、違約金が発生するというリスクに直面しているようなケースなどが分かった」

　そこで、同信金は信金業界が運営しているビジネスマッチングサービスを活用することを思いついた。ビジネスマッチングサービスは全国の信金がその取引先事業者とともに有

「新型コロナウイルス感染防止対策実施中ステッカー」

機的につながっている仕組みである。それを通じて、在庫の過不足に応じて、仕入れ困難の資材を提供するというアイデアである。

同業界の全国組織である信金中央金庫は提案を受けるや、直ちに動いた。そして、期待通りに資材の融通が行われた。

同信金はその後も事業者調査を定期的に実施してきた。それによって、取引先事業者が抱えたその時々の課題をリアルに把握し、事業者の苦悩が多面化し深刻化していることを動態的に押さえ、タイミングを逸することなく支援を続けられる態勢を整えてきている。

新型コロナによる深刻なダメージが及んだ地域内の飲食業などに「枚方モデル」と言われる独自の支援策も続けている。そこでは、ＱＲコードを活用して、感染対策を徹底している店舗のＰＲ動画を映し出す仕組みや感染予防の観点からのキャッシュレス化の促進などに努めて、予防体制が整っていると判断できる飲食店には「新型コロナウイルス感染防止対策実施中」と記した独自のステッカーを店先に設置する取り組みもある。

地域の課題を解決する金融総合商社

これらの取り組みを貫いているのは、同信金が中核となって地域のあらゆる機能と結びつくという独特のモデルである。吉野理事長はこう説明する。

「地域の様々な課題を解決するために、私たちは地域のあらゆる主体とつながるプラットフォーマーになる。私たちは、地域の課題を解決する金融総合商社を目指している」

その言葉通り、「巡リズム」の発想は住居の住み替え促進による地域活性化という枠を超えて、いまや、高齢世帯の見守り、医療等々の生活関連の総合サービスへと発展している。高齢世代に職員が定期訪問し、健康状態などをチェックし悩みの相談に乗り、同信金とつながっている医療、介護などの機関との協力体制で問題解決に挑んでいる。

たとえば、地域住民の健康寿命を伸ばすことを目指して、ウェアラブル端末の貸与に乗り出している。

「ウェアラブル端末を身に着けてもらい、健康データを計測してご本人の健康管理の一助にしてもらうだけではなく、測定データのスマホ転送で遠隔地に暮らすご家族にも確認してもらう」という仕組みである。そこに見守りコールサービスを加えるようなメニューも揃えた。

「空き家・留守宅管理サービス」から始まって、通気・換気、建物の外観目視確認、庭木の繁茂の確認、ポストの確認、敷地内の簡易清掃等々を提供する。

このように、「巡リズム」から始まって、地域の実情を踏まえて着々とメニューの充実化が進んでいる。地域に生じている変化や地域課題に神経を尖らせるマーケット調査を絶えず繰り返しているからこそのモデル進化である。

枚方信金は金融に事業基盤を置きながら地域の生活産業に進化してきている。「地域のあらゆる主体とつながるプラットフォーム」「地域の課題を解決する金融総合商社」という吉野理事長が掲げてきたビジョンへの着実な実現の足取りがここにはみえる。

北海道銀行とホクレンが協力した新事業

「地域経済の疲弊を背景にして、事業面では厳しい状況が続いている」

地域銀行など地域金融機関を巡っては、近年、このような見方が定着している。

しかし、地域金融の世界では、地域の実情を踏まえて、地域に新たな事業を生み出すことに汗を流す動きもある。それも前例のないスタイルによって、である。たとえば、北海道銀行は、農林系統のトップ機関である「ホクレン」と協力して、農業法人を新たに設立し、収穫した産品をロシアなどに輸出する事業に乗り出している。

一般的にいえば、地銀とJA（農協）などの農林系金融機関は対立構図が描かれがちだし、事実、地域によっては激しい競争が繰り広げられている。しかし、地銀であれ、農林系金融機関であれ、地域の課題解決という責務は変わらない。北海道銀行の場合、ホクレンは従来、良好な関係を築いてきたという事情はあるが、やはり、注目に値する取り組みである。

地方型経済にあって、農業は基幹産業である。わが国の農産水産物は品質的に優れて、高い国際競争力を誇っている。いわば、高い成長性を期待できる産業領域である。そこに、地域の金融が結集して取り組むことの意義を北海道のモデルでは示している。

秋田県は、人口減少率ワーストワンという実情のなかで、地域銀行が地元企業などに声をかけてコンソーシアムを設立し、風力発電、さらには洋上発電の事業を生み出している。さらに、秋田県信用組合は黒ニンニクの栽培やどじょうの養殖という事業を、建設業などの取引先事業者を集めて事業化している。いずれの取り組みも、雇用機会を創出することによって、人口減少に歯止めをかけることが狙いの一つである。

地元金融機関が様々な事業者に新規事業を提案し、その担い手を集めて事業化するという形式だが、地銀などの地域金融機関が既存の法的な枠組みなどを実質的に超えて、事業の一翼を担っていると言ってもまちがいではない。こうした取り組みは今後、一段と活発化し、それに伴って、地域金融機関の事業が変貌していく一因になるにちがいない。

三井住友銀行が枚方信金からヒアリング！

この章の最後に、あるエピソードを紹介したい。今年春の某日、京阪本線の枚方市駅の近くにある枚方信金本部の企画部門に珍客が訪れた。同信金は、自治体、医療機関、大学、商工団体、鉄道など地域の多様な主体と提携している。店頭を訪れる顧客だけではなく、様々な人が打合せなどで訪れる。

しかし、この日、訪問の要件を事前に伝えてきてやってきた訪問者に、同信金の幹部も驚いた。三井住友銀行の関係者だったからだ。

それも100メートルほど離れた場所にある同銀行枚方支店の人たちではない。東京の本部リテール部門の人たちである。前述したように、同銀行は4月、高齢者向けのトータルサービス「エルダープログラム」を開始したばかりだった。

同プログラムの内容に近似し、すでに何年前から同信金が取り組んでいるのが「巡リズム」である。「巡リズム」は信金ならではの地域サービスである一方、エルダープログラムは全国をカバーするサービスであり、おそらく、サービスの対象も異なるが、そのエッセンスは重なっている。

そこで、三井住友銀行が敵情視察に来たと言う話ではない。同銀行は、先駆者である枚方信金の経験をヒアリングするためにやってきたのだ。

従来、銀行と信用金庫は競合関係が乏しく、それぞれ、別世界の金融のように互いを眺めてきた。したがって、相互に議論を交わすということはほとんどありえない。ところが、三井住友銀行は、規模では比較にならないほどに小さい枚方信金の門をくぐってやってきた。

優れたモデルはどこからでも吸収しようとする三井住友銀行の真剣さが伝わってくるし、規模は小さくても優れたモデルをいち早く立ち上げて地域に貢献する地域金融機関は、大銀行からも一目置かれるという話である。

「規模が大きくても、漫然としていれば淘汰され、小さくても多様化する顧客ニーズに対して的確に応えていくところは生き残る」

三井住友グループのトップ、太田純氏がこう表現する時代に相応しい出来事である。まちがいなく、フロントランナーたちは先を走っている。

エピローグ

生き残る条件はアジャイル化

2021年5月、銀行法改正が公布

銀行はこの先、好むと好まざるとにかかわらず、その姿を変貌し続けるにちがいない。10年後には、今のような型通りの銀行は消えてなくなっているかもしれない。それは、デジタル化の進展によって、同じ機能でも人手ではなく、機械が提供しているからだけではない。

銀行の役割すらも変わりかねないからだ。

金融庁が例年夏に公表しているのが「金融行政方針」である。この先1年間にわたる行政の方向性を示すものであり、今年8月31日に発表した「金融行政方針」には「コロナを乗り越え、活力のある経済社会を実現する金融システムの構築へ」という表題が打ち出された。

新型コロナ問題による経済的な打撃を克服するために金融仲介機能が十分に果たされ、さらにポストコロナの社会に貢献する金融を促していくということである。この基本方針に異論を投ずる向きはないだろう。

新型コロナ問題を契機にして、社会のあり方はさらに様変わりしかねない。そのなかで生きる存在である以上、銀行も大きく変わらないわけにはいかない。金融仲介機能の発揮が求められることは言うまでもないが、社会的な要請はそれだけでは済まなくなるにちがいない。

また、新型コロナ関連で、特需的に一時的な資金需要が発生することは想定できても、わが国が成熟経済化している以上、かつてのような豊饒な資金需要が生ずることは期待できない。そのなかで銀行が社会の信任を得て、営利企業として成長するには社会の要請を羅針盤にして事業領域を拡大していくしかない。

「活力ある経済社会を実現する金融システムの構築」とは別の次元で「活力ある銀行」を実現できるかどうか。それは商業銀行がＧＤＰの伸び率以上の成長はできないという伝統的概念を打ち破ることでもある。

意地悪い表現になるが、商業銀行による伝統的な狭義モデルではＧＤＰの伸び率の恩恵に浴するだけで、国の潜在成長力を高めるような寄与は期待できない。もちろん、銀行が提供する資金によって、企業は成長し生産量を拡大させたり、あるいは、消費を喚起する付加価値のある商品・サービスを生み出したりしてＧＤＰの成長に貢献している。

したがって、銀行に貢献がないわけではないが、銀行が最も輝いて見えたのは、高度経済成長期であり、その局面が終焉するや、銀行が次第に坂道を転がり落ちるトレンドに入り込んだことは事実である。そこからパラダイムシフトを果たすことが求められている。

そのための制度的な対応も動き出した。免許業種として課されている厳しい業務規制の見直しである。たとえば、銀行の業務範囲規制の見直しを骨子とする銀行法改正が衆・参院を通過して、２０２１年5月26日に公布された。

デジタル、地方創生、ＥＳＧに関連する領域に焦点を当てたものであり、今年度中の法施行によって、銀行は子会社、兄弟会社方式による銀行業高度化等会社を通じて新規分野への進出ができる。具体的には、フィンテック、自行アプリやＩＴシステムの販売、登録型人材派遣、障碍者雇用促進法にかかる特別子会社、データ分析・マーケティング・広告、地域商社、ＡＴＭ保守点検、地域と連携した成年後見の八つの事業分野である。

「ごうぎんチャレンジドまつえ」というチャレンジ

これを受けて、早くも三井住友フィナンシャルグループは電通との提携に乗り出し、地銀では地域商社の設立が相次いでいる。

「絶大な力を有しており、進出すれば優越的地位の濫用にもなりかねない」と言われ続けてきた銀行が他業に本格進出できるという改革は歴史的に見ると画期的だが、残念ながらスコープはいまのところ限界的である。

そもそも、判例法体系でプラグマティズムが重んじられていれば、制度的見直しに先立って民間企業としてのチャレンジの動きが起きやすい。しかし、わが国は法体系の基本構造がそうではない。したがって、金融ビジネスは安定的だがチャレンジは起きにくく、革新スピードは鈍らざるを得ない。

しかし、そのようななかでも目を見張る動きはある。たとえば、山陰合同銀行が知的障碍者の方が専門的に就労できる事業所「ごうぎんチャレンジドまつえ」を創設したのは2007年9月である。知的障碍者の方の芸術的能力を引き出して生かすモデルであり、制作された絵画を島根県に無償提供し、県は社会福祉協議会を通じて都市部の企業にそれを使用のために貸与する。その使用料は地域に還元され、障碍者の方々の自立支援に生かされる。同銀行は作品を使用する企業の開拓にあたっている。

2021年8月、東京パラリンピックが開催され、そのなかで「全人口の15%が何らかの障碍を抱えた人たちであり、すべての人と共生していく」という「WE THE 15」キャンペーンが注目された。また、ESG、SDGsの要請が高まっているが、その考え方のなかにも障碍を負った人たちに対する社会の正当な受け入れがある。

金融庁も銀行の業務領域の拡大策として、障碍者雇用促進法にかかる特例子会社の規制緩和を盛り込んだが、それよりも、14年弱も早いタイミングで山陰合同銀行は「ごうぎんチャレンジドまつえ」を創設している。障碍者の方々のチャレンジのための仕組みだが、これは山陰合同銀行のチャレンジでもある。

また、２０１７年9月には「ごうぎんチャレンジドとっとり」も開設し、精神障碍者や発達障碍者の方がＩＴスキルを駆使した作業などを担っている。

今後、銀行の業務範囲はさらに広がる可能性がある。たとえば、地域金融の世界では、地域の社会、経済において喪失するリスクが生じた事業を銀行など地域金融機関が担うということも起きておかしくない。あるいは、地域の課題解決のために銀行がその機能を発揮する企業の創設を金融面で支援するだけではなく、銀行そのものがその分野に乗り出すことも想定できる。

たとえば、国や地方の財政の悪化が深刻化するなかで、小さい政府の必要性が高まって、従来、公的部門が担ってきた業務を民間に移管する動きが起きかねない、その際、信頼性などの観点から、銀行などの地域金融機関が代替することも起きるだろう。「収益を生み出すビジネスになりにくい」（中堅地銀のトップ）という否定的な見方は間違っていないものの、それをいかにしてビジネス化するのかを考えるのが民間企業であり、地域に貢献することは地域金融機関の役割でもある。

銀行法改正によって、地域金融機関は地方創生の観点からの業務範囲拡大が認められた。これは地方創生、地域活性化のためならば、あらゆる分野にチャレンジできるということであり、その具体策として認められたのが地域商社である。商社は元来、「なんでもあり」のビジネスモデルだ。あとは、知恵の勝負でしかない。

百貨店の外商部門を敵に回すか、味方にするか

一方、銀行などの経営環境の激変には、非金融の異業種による金融分野への進出もある。すでにコンビニエンスストアチェーンによる銀行業への進出は起きているし、製造業のソニーはネット銀行に進出している。この動きは今後も変わらず、むしろ、より先鋭化しておかしくない。

というのも、流通小売りなどのサービス産業はその商品ラインナップの充実化の観点から、金融分野に進出する発想を抱き続けているからである。すでにセブン銀行などのコンビニATM銀行は民間の決済インフラに成長しているし、今後、そこをベースにしてデジタルマネーの分野に本格的に進出してきてもふしぎではない。

なにしろ、それらの銀行のバックには巨大な個人消費市場がある。いま、雨後の筍のよ

うに次々に生まれている各種のデジタルマネーはいずれ、消費者による選別を通じた淘汰の局面を迎える。生き残るデジタルマネーを決めるのは消費のシーンであり、金融のシーンではない。

異業種の進出はこれだけではない。銀行、証券会社などはいま、リテール分野で「富裕層取引」を強化している。富裕層向けの資産運用や相続の相談に特化した軽量店舗、相談プラザなどの導入にその動きは現れている。もちろん、そこには収益チャンスがあるからである。

しかし、富裕層を顧客基盤としているのは銀行だけではない。たとえば、百貨店はその有力な存在である。大手百貨店クラスになると、外商部門が数十万人のリッチ層を得意客として抱えて、従来、絵画、骨董などの美術品や高級時計など高価な品々を提供してきている。商品の品質もさることながら、それぞれの顧客を担当する社員の信頼性でビジネスが支えられている。

リッチ階層に特化した金融サービスを提供しているのがプライベートバンカーと言われるが、まさに消費市場のプライベートバンカーが百貨店の外商部門である。

そのような百貨店業界のなかで、いま、最大の価値基盤と言える外商部門の富裕層顧客に金融サービスを提供することを模索する動きが水面下で活発化している。

「外商部門の富裕顧客層は相当に厚い。総合的なサービス提供の一環として、資産運用、資産の管理といった金融事業などをラインナップにしていく必要性が増している」

　有力百貨店の役員は、このように語り、金融分野への進出意欲を隠さないでいる。この階層に資産運用、相続等々のビジネスチャンスがあるからである。しかし、百貨店には物品の目利き力が蓄積され、商品提供力もあるとはいえ、金融サービスのノウハウはない。そこで、外部との提携によって、いかにして金融サービスの提供体制を作り上げるのかという課題の解決が迫られている。いわゆる、プラットフォームの構築である。

　おそらく、プラットフォームは金融サービス以外にも様々なコンテンツが搭載されてくるにちがいなく、銀行が描くプラットフォーマーモデルと重なることになる。ここでは競合関係なのか、それとも、協調関係なのか。いずれにしても、銀行の将来モデルに大きな影響を及ぼすことはまちがいない。

　そのような存在は百貨店以外にもある。ある意味では、顧客基盤を構築している業種はすべて金融サービスへの参入可能性はある。その顧客基盤が富裕層なのか、それとも、一般顧客なのかによって、ビジネスモデルが変わっても参入可能性があることには変わりはない。

　伝統的な宅配制度で顧客網を築いてきた全国紙、地方紙の新聞社もそうだし、通勤という形態で沿線住民を顧客基盤としている鉄道会社もそうである。すべてに参入のチャンスはあり、すべてが銀行の脅威にもパートナーにもなっていく。

一般庶民を対象とするマスリテール領域は、デジタル技術を駆使したスマホ活用の金融プレーヤーたちによってコスト競争力の面からも侵食されかねないだけではなく、コストを費やしても深耕したい富裕層領域は金融とは異なる面で強力な顧客基盤を誇る異業種の脅威にさらされかねないわけだ。

いずれにしても、新旧事業者のうち、どこが勝ち残るかを決定するのは利用者、つまり、顧客の選別である。銀行は従来とは比べようもないほどに、自身が選別の対象としてさらされるレースに向かわざるを得ない。それに打ち勝つためにも、銀行が迫られているのがビジネスモデルの革新にほかならない。

プロ人材が銀行の改革を成し遂げるか？

銀行業界に押し寄せる波はそれだけではない。目下、新型コロナ感染症問題が大きなファクターとなりつつある。新型コロナ禍にあって、企業は様々な変革を迫られている。リモート方式の在宅勤務という働き方の変化もそうであり、このために一段とデジタル化を進めざるを得なくなっている。銀行もその範疇にあるが、取引先企業や社会にもたらされたその変化の影響を銀行が受けることはまちがいない。

それだけではない。大きなダメージを受けている取引先企業のために、銀行は返済猶予などの既存融資の条件変更から無担保・実質無利子の緊急融資の実行まで広範囲の支援を続けてきた。しかし、2021年夏場には新型コロナ禍は一段と深刻化した。場合によっては、今後、再び深刻化し追加的な支援が必要になってもおかしくない。

いずれ、新型コロナ禍が収束に向かうとしても、その時点では、銀行は様々な課題を負う。平時の感覚では過剰になってしまった取引先企業の金融債務をいかにして軽減していくのか。取引先企業の事業をいかに再生させていくのか、等々の支援が圧し掛かってくるにちがいないし、場合によっては、この問題処理の過程では不良債権が増大する懸念がある。

ポストコロナ、ウィズコロナと呼ばれる次の局面において、変革を迫られかねないだろう。そのなかで銀行員の働き方も変わる。新たな勤務形態でも共通価値観で働けるだけのエンゲージメントを銀行と銀行員の間でいかにしっかりと築いていくのか。これは大きな課題であるし、モデル改革の重要な柱にもなる。

モデルの刷新について、有力米銀の幹部はこう語っている。

「米国などで銀行のビジネス改革が絶えず進展しているのは、行政依存でも政治依存でもなく、民間主導で殻を破るチャレンジが続いているからだ」

そして、「新たな次元に絶えず挑戦していくのはプロフェッショナルこそができる」ともいう。それに対して、わが国の銀行業界では過去、革新的な動きが乏しかった。その理由の一つには、プロフェッショナリティーの感覚の希薄さがある。

その状況を生んできたのは、やはり、1960年代型モデルへの拘泥である。たとえば、連綿と続けられてきている3年サイクルの人事異動によるキャリアアップという人事制度、ゼネラリスト養成型システムは、顧客ニーズが複雑化せず単一的であり、画一的な商品、サービスを提供していれば事足りた時代の象徴的なモデルである。だが、もはや、時代は大きく変わってしまっている。

社会の変容に伴って、顧客ニーズは複雑化、多様化した。それに的確に対応するには、スキル、ノウハウの蓄積とともに、顧客の微妙な気配すら、敏感に察知できるプロフェッショナル人材が求められている。ところが、1960年代型モデルが踏襲されて、プロフェッショナリティーは高まらず、したがって、そこで醸成される改革のエネルギーも強まらなかったように思える。

それでも、ようやく、銀行に改革意欲が増してきた。その起爆剤の一つとなったデジタライゼーションの波を受けて、銀行では今後、人員の縮減が継続する。定年退職者数を新規採用者数で埋めない自然減だけにとどまらず、人員圧縮が加速する可能性はある。

そのような局面において、最も重要視されるのはやはり、プロフェッショナリズムにちがいない。単純にデジタル技術に取って代わられる仕事は加速度的に削減されていくだろう。一方、デジタル技術の活用まで含めて、顧客ニーズに的確に応えられるプロフェッショナル人材は生き残り、そのような職場空間を作り上げた銀行が勝ち残っていく局面が近づいている。

銀行もフランチャイズ方式を取り込む時代に

現下の潮流を意識して、大手銀行の従業員組合の幹部からこのような疑問を投げかけられたことがある。

「真のプロフェッショナルになると、なにも銀行という組織にとどまらず、独立して仲介業やコンサルタントになるという者が増えるのではないか」

その答えは「イエス」に近い。プロフェッショナルにまで成長し、自らの手腕に自信を深めることができるようになれば、その分野で独立していい。それがプロフェッショナルでもある。

もっとも、金融やその周辺ビジネスである限り、銀行という企業とのリレーションが消えることはない。独立してクライアントに的確なアドバイスはできても、銀行商品を提供できるのは銀行だからだ。つまり、独立した人材は、金融関連の仕事をしている限り、いずれかの銀行とのリレーションを作らざるを得ない。

その点、プロフェッショナルになるまで成長できれば、その人は自身を育てた銀行に敬意を抱いているはずであり、銀行はプロフェッショナルまで育った人材が独立することを阻害することはできない。むしろ、それを後押しするようになったとき、銀行とプロフェッショナルに育った人材は新たなリレーションを築くことになるにちがいない。

それがコンビニエンスストアチェーンと、そのフランチャイズ店舗のオーナーのような関係になるのか、それとも、新たな仲介業モデルを創設することになるのかの形態はともかく、銀行と人材の間には新たな関係が出現する。

米国で最も先進的と言われている金融会社の一つ、チャールズ・シュワブはディスカウントブローカー（手数料の安い証券会社）から始まって、以後、顧客ニーズに応えながら、その姿を絶えず変え続けた。いまや、ネット、電話のほかに、巨大な有人店舗ネットワークという複数のチャネルを有する金融会社に変貌を遂げている。

そして、有人チャネルの一部はビジネスに意欲的な人材が店舗運営まで完全に差配するフランチャイズ方式になっている。

わが国でも始まった銀行業界のモデル改革もそこまで突き進んでおかしくない。銀行の業務領域もこれからさらに拡大するだろう。それに伴って、硬直的組織の代表格と言われてきた銀行も、変幻自在に変容するアミーバ的組織に変身してよい。少なくとも、いかなる時代にも生き残れるのは自在に変容できるアジャイルな柔軟さをもった組織である。

10年後には、銀行は今とはまったく違う外見、ビジネスの企業になっているだろう。銀行が自らを変えていくことになるメタモルフォーゼの銀行革命はいま、始まったばかりである。

＜著者略歴＞

浪川攻（なみかわ・おさむ）

金融ジャーナリスト。1955年東京都生まれ。上智大学卒業後、電機メーカー勤務を経て記者となる。金融専門紙、証券業界紙を経験し、1987年株式会社きんざいに入社。『週刊金融財政事情』編集部でデスクを務める。1996年退社し、ペンネームで金融分野を中心に取材・執筆。月刊誌『Voice』の編集・記者、1998年に東洋経済新報社と記者契約を結び、2016年フリーとなって現在に至る。著書に『銀行員はどう生きるか』『証券会社がなくなる日』（以上、講談社現代新書）、『地銀衰退の真実 未来に選ばれし金融機関』（ＰＨＰビジネス新書）、『金融自壊 歴史は繰り返すのか』『前川春雄「奴雁」の哲学』（以上、東洋経済新報社）などがある。

「型破り」な銀行の新ビジネス戦略

2021年11月1日　　第1刷発行

著　者　浪川 攻

発行者　唐津 隆

発行所　株式会社ビジネス社

〒162-0805　東京都新宿区矢来町114番地 神楽坂高橋ビル5F

電話　03(5227)1602　FAX　03(5227)1603

http://www.business-sha.co.jp

〈装幀〉大谷昌稔

〈本文組版〉野中賢（システムタンク）

〈印刷・製本〉中央精版印刷株式会社

〈営業担当〉山口健志

〈編集担当〉中澤直樹

ISBN978-4-8284-2337-1

ビジネス社の本

アメリカの悲劇！

「黒い疑惑」にまみれたバイデン政権の奈落

古森義久……著

定価　1650円（税込）
ISBN978-4-8284-2267-1

「中国・ウクライナ」スキャンダル、郵便投票にまつわる不正、認知症の疑い……。迷走するバイデン氏。「強いアメリカ」戦略は消え去った！

挑発をくり返す中国、共和党vs民主党の対立激化——決断できない最弱の大統領。日本を国難に陥れる！

本書の内容